跨境电商运营管理系列教材

跨境电商
运 营

刘钧炎/主编

方贵仁　邓志虹　谭汝聪/副主编

中国海关出版社有限公司

·北京·

图书在版编目（CIP）数据

跨境电商运营/刘钧炎主编. —北京：中国海关出版社有限公司，2024.3
ISBN　978-7-5175-0764-2

Ⅰ.①跨⋯　Ⅱ.①刘⋯　Ⅲ.电子商务—运营管理—教材
Ⅳ.①F713.365.1

中国国家版本馆 CIP 数据核字（2024）第 052276 号

跨境电商运营

KUAJING DIANSHANG YUNYING

主　　编：刘钧炎
责任编辑：傅　晟
责任印制：孙　倩
出版发行：中国海关出版社有限公司
社　　址：北京市朝阳区东四环南路甲 1 号　　邮政编码：100023
编 辑 部：01065194242-7502（电话）
发 行 部：01065194221/4238/4246/4247（电话）
社办书店：01065195616/5127（电话）
　　　　　https://weidian.com/?userid=319526934（网址）
印　　刷：北京天恒嘉业印刷有限公司　　　经　　销：新华书店
开　　本：710mm×1000mm　1/16
印　　张：14.75　　　　　　　　　　　　　字　　数：273 千字
版　　次：2024 年 3 月第 1 版
印　　次：2024 年 3 月第 1 次印刷
书　　号：ISBN　978-7-5175-0764-2
定　　价：56.00 元

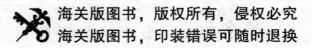

前　言

随着跨境电商行业的快速发展，跨境电商已经成为国际贸易领域极具竞争力的新业态、新模式、新引擎，是中国落实"一带一路"倡议的重要抓手，也是推进贸易强国建设、提升国际地位和影响力的重要手段。跨境电商产业的快速发展亟须大量高技能应用型的跨境电商人才支持，而跨境电商人才的培养需要高水平、高质量的课程支撑。

课程团队首先设计了"跨境电子商务基础"课程，主要介绍跨境电商行业的基础理论知识和基础操作；然后，课程团队设计了"跨境电商运营"课程，主要介绍跨境电商行业的进阶运营和核心职业能力。

"跨境电商运营"课程是跨境电子商务专业的核心技能课，主要面向跨境电子商务、国际经济与贸易、电子商务和商务英语等专业的教师和学生，跨境电子商务行业的企事业单位员工，以及所有立志从事跨境电商运营的社会学习者，以培养跨境电商运营岗位的核心运营技能和关键职业素质为目标，侧重培养学习者熟练使用跨境电商运营平台和第三方运营工具，进行跨境电商产品运营和店铺运营的能力。

在课程设计方面，"跨境电商运营"课程以跨境电商运营岗位为依托、以岗位所需的跨境电商产品运营和店铺运营技能为核心组织教学内容，基于跨境电商的团队运营、产品运营、内容运营、新媒体运营、数据化运营和品牌化运营六大职业能力，构建出六个项目化课程模块。各个课程模块相互支撑，系统化地重构了跨境电商运营岗位的职业能力体系；同时，各个课程模块又相对独立，有特定的教学目标，内容相对完整。

在教学方法方面，"跨境电商运营"课程较多地使用启发引导、操作示范和任务驱动等方法，采用"行动导向、任务导向"教学模式，体现以学生为中心的教学理念。课程首先根据跨境电商运营岗位的六大职业能力，从行业提取岗位典型工作任务；然后，根据工作任务设计企业真实工作场景、配套学习资料，根据工作场景启发引导学生完成配套学习资料；最后，教师根据工作任务进行过程考核和结果考核。本课程的考核不仅包括学习资料完成度、任务执行表现等过程考核指标，还包括典型工作任务、期末考试等结果考核指标。

在课程内容方面，"跨境电商运营"课程在教学内容中融入中华优秀传统文化，以及唯物辩证法等哲学思想，起到思政引领、铸魂育人作用；本课程还将跨境电商运营岗位能力要求、全国跨境电商创新创业能力大赛要求、"1+X"跨境电商B2B数据运营职业技能等级证书要求、"1+X"跨境电商B2C数据运营职业技能等级证书要求等内容融入教学，体现了"岗课赛证"的融通育人理念。

在课程资源方面，"跨境电商运营"课程不仅配套了PPT、课程大纲/课程标准、教案、授课计划进度表、试卷和习题库等教学资源，还配备了微课、动画、视频和案例等学习资源。课程团队还在智慧职教平台开通了数字课程，读者可通过智慧职教平台的慕课和职教云课程获取学习资源（二维码附后）。

"跨境电商运营"课程团队由跨境电子商务国家级职业教育教师教学创新团队骨干成员组成，包括刘钧炎老师（负责本书项目一、项目二、项目五的编写）、方贵仁老师（负责本书项目六的编写）、邓志虹老师（负责本书项目四的编写）、谭汝聪老师（负责本书项目三的编写）、韩宝国老师（负责本书内容的整体策划和编写指导）等，以及来自行业、企业的廖世宏总经理（负责本书的数据支持和实践指导）等。课程团队将不断丰富、完善教学内容，支撑线上线下的混合式教学，为广大读者提供服务。

跨境电商发展方兴未艾，跨境电商实践也在不断深化。所以，对跨境电商的认识和学习也是一个动态的过程。同时，由于编者水平有限，编写时间仓促，书中疏漏、不当之处难免，望广大读者不吝指正。发送反馈信息或获取 PPT、教案等配套资源，请联系 gzliujunyan@ 126. com，谢谢。

　　　　　　　　　　　　　　　　　　　　刘钧炎

《跨境电商运营》智慧职教慕课二维码

目　录

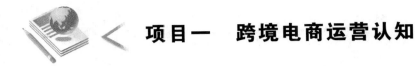

项目一 跨境电商运营认知

【知识目标】

1. 理解跨境电商运营的概念和内涵；
2. 掌握跨境电商运营的方法；
3. 了解跨境电商运营团队的类型；
4. 熟悉跨境电商运营团队的类型和分工；
5. 掌握跨境电商团队 KPI 绩效管理的方法。

【技能目标】

1. 能够区别运用跨境电商经验化运营和数据化运营方法；
2. 能够制订跨境电商运营团队的岗位工作职责；
3. 能够进行跨境电商团队 KPI 绩效管理。

【素质目标】

1. 培育学生发现新事物、认识新事物的能力；
2. 培养学生不断学习的能力；
3. 培养学生热爱工作、遵守职业道德。

任务一
初识跨境电商运营

司马迁在《史记·货殖列传》中提出："贵出如粪土，贱取如珠玉。"意思是，东西价格贵时，应该像粪土一样卖出；东西价格便宜时，应该像珠玉一样买进。

可见中国自古就有商业运营的思想，跨境电商虽然是当今经济热点，但也需要很好地运营，跨境电商运营的概念和内涵如下。

一、跨境电商运营的概念

（一）运营的概念

一般来说，运营就是对企业运行和营业过程的计划、组织、实施和控制，是与产品的生产和服务密切相关的各项管理工作的总称。

（二）跨境电商运营的概念

跨境电商运营就是对跨境电商企业运行和营业过程的计划、组织、实施和控制，是与跨境电商产品开发、跨境电商营销、跨境电商结算、跨境电商物流、跨境电商客户服务和品牌建设等活动密切相关的各项管理工作的总称。

二、跨境电商运营的内涵

跨境电商运营究竟涉及哪些具体的活动？可以从宏观和微观两个角度来认识跨境电商运营的内涵。

（一）跨境电商运营的宏观内涵

从宏观来看，跨境电商运营不只是产品选择、营销推广、费用结算、物流模板设置、客户服务、数据分析……跨境电商运营的内涵不是以上所列出的一项或者几项活动，也不是以上几项活动的机械叠加，它是一个系统、有效且可持续地规划并实现既定目标的活动，涉及跨境电商业务发展的方方面面，最终将各项业务活动串联，组成一个有机体，并保证有机体的稳定和持续性运行。

（二）跨境电商运营的微观内涵

从微观来看，跨境电商运营应该至少包含六大要素，涉及跨境电商产品体系建设与运营、营销体系建设与运营、物流体系建设与运营、服务体系建设与运营、财务体系建设与运营和品牌打造与运营等方面。

1. 跨境电商产品体系建设与运营

一支团队是否能在运营过程中有效施展其营销策略，换取一步高于一步的利润空间，进而在一个相对长的时间内得到稳定的发展，其根本是需要有坚实的产品作为基础和落脚点。

没有好的产品，所有的营销行为都是镜花水月。虽然短期内的营销技巧可以帮助一家店铺快速出单，"大流量+热销爆款+低价格"的简单模式可以在短期内换来较高的转化率和快速增长的订单量，但是没有能够留住客户的好产品，"高客户回购率""低跳失率""高店铺访问深度"等更高级别的营销目标就不可能实现，也无法谈及长期利润的增长与品牌的树立。

因此，确立跨境电商产品策略，推进跨境电商产品体系建设，决定"做什么""怎么做"，是跨境电商运营的第一步。同时，在确定产品品类与市场定位后，制订与执行一个有深度、有宽度的产品发展方案，并将这个产品方案培养为一个优秀品牌，必须贯彻于跨境电商运营过程的始终。

2. 跨境电商营销体系建设与运营

有了产品，进一步面临的是营销。跨境电商行业本身属于销售业，属于网络在线销售的一个分支，因而它的所有核心工作主要围绕销售行为展开。也就是说，跨境电商营销体系建设与运营是跨境电商运营的主要工作。

营销的内容很多，可以从"营销团队""营销目标""营销方案""营销规则"等方面打造跨境电商营销体系——建立一支架构完整、分工明确的营销团队，制订明确的、合理的目标以及实现目标的具体方案，最后执行一系列的规定，以支撑营销方案的执行和营销目标的实现。

3. 跨境电商物流体系建设与运营

在跨境电商运营中，物流承担着连接境内外买卖双方的重要任务，是必不可少的活动。

跨境电商物流体系建设与运营应该考虑以下内容。

第一，考虑物流配送区域。不同物流方案有不同的优势配送区域，可以根据公司的主要配送区域选择合适的物流方案。

第二，考虑物流配送时效。通常，物流配送时效由快至慢依次为：海外仓物流、商业快递、专线物流、邮政物流。可以根据配送的时效要求选择合适的物流方案。

第三，考虑货物自身特点。不同的物流方案有不同的货物的属性要求，例如货物品类、重量和尺寸、是否带电、是否包含液体等，需要根据货物属性选择合适的物流方案。

第四，考虑物流成本。物流成本是跨境电子商务运营成本中的重要组成部分，降低物流成本可以增加企业盈利，需要在可行的物流方案中选择成本较低的一种。

此外，还需要考虑物流公司的服务能力、服务效率等因素，才能打造出高效、可靠的跨境电商物流体系，保障跨境电商企业的顺利运营。

4. 跨境电商服务体系建设与运营

产品售出只是跨境电商企业运营过程中的一个步骤，要让企业的产品在每个维度都被客户认可，让企业的品牌深入人心，就需要建立完整与强大的售前、售中和售后服务质量运维体系。

跨境电商运营团队的服务质量涉及服务体系的设计构建、服务标准的制定与执行，甚至需要细化到"包装设计""物流体验"等细节。

5. 跨境电商财务体系建设与运营

财务是跨境电商运营活动的资金来源，没有财务的支撑，整个运营工作就如同无源之水。所以，专业的跨境电商运营必须有专业的财务管理。

如何建立一套跨境电商运营团队的财务体系？如何让财务分析最大限度地为运营工作提供参考？这需要跟踪、监控企业所有的跨境电商运营活动，在顺利完成跨境电商结算的基础上，收集企业相关的财务数据，整理制作财务报表并进行分析，根据分析结果对企业运营活动进行支撑和优化，打造一套能支撑跨境电商企业运营的财务体系。

6. 跨境电商品牌打造与运营

严格意义上，品牌也属于营销体系的范畴。品牌承载着消费者对企业产品和服务的认可，品牌打造是跨境电商服务体系建设与运营的重要内容。一个品牌的建立除了高品质产品，还需要在服务客户的每个细节中让客户体会到商家的用心，这些都是贯穿整个项目运营的工作。

跨境电商品牌打造与运营包括挖掘品牌创意、创建品牌、品牌战略规划、打造强势品牌和品牌传播等内容。

虽然跨境电商运营至少包含以上六大要素，但限于篇幅，本书主要介绍跨境电商产品体系和营销体系的建设与运营。其中，项目二主要介绍产品体系建设与运营，项目三、四、五、六主要介绍营销体系建设与运营。

三、跨境电商运营的分类

跨境电商运营的分类方法非常多，以下从跨境电商运营的依据进行分类。

根据跨境电商运营的依据，跨境电商运营可以分为经验化运营、数据化运营和综合运营。

（一）跨境电商经验化运营

跨境电商经验化运营是指通过自己或者他人的跨境电商实践、经历和体验，对跨境电商运营过程中的各个环节进行经验指导，并得出经验性、模式化的运营结论，最终达到优化运营效果、降低运营成本、提高运营业绩的目的。

经验化运营是跨境电商运营中最早出现的运营体系。在跨境电商行业的初始阶段，行业内没有体系化的运营教程，许多从业者只能"摸着石头过河"，慢慢积累经验，这些从业者所积累的经验和技巧就成了其公司的运营方法论；一部分积累了一定经验的从业者转岗成为培训讲师或者服务商，这些人所传授的运营技巧就成了经验化运营的核心方法论。

同时，经验化运营也是可以通过观察进而快速模仿和学习的方法。例如，跨境电商出口运营团队在设置产品页面的价格时，一般不设置成整数，而是将价格数值调整为 99 结尾（如 $6.99），这种"99"定价策略会给消费者廉价或者打折的心理暗示，从而吸引用户点击并购买。经验化运营方法很容易在跨境电商出口运营团队快速传播。

（二）跨境电商数据化运营

大数据时代，跨境电商行业每时每刻都在产生数据，甚至每一个跨境电商运营平台背后都有精确的算法支撑，所以数据化运营已经成为跨境电商运营的主流方法。

一般来说，跨境电商的数据化运营是指通过图形、表格、程序等数据化的工具、技术和方法，对跨境电商运营过程中的各个环节进行科学分析，并得出专业、准确、合理的运营结论，最终达到优化运营效果、降低运营成本、提高运营业绩的目的。

数据化运营强调一切以数据为导向，同时注重结果与过程。例如，欧洲电网企业通过智能电表每隔五分钟或十分钟收集一次用户数据，收集来的这些数据可以获得用户用电习惯等，从而推断出在未来 2~3 个月时间里，整个电网大概需要多少电。有了这个预测性数据后，就可以提前向电厂或者供电企业购买一定数量的电。因为电就像期货一样，提前买较便宜，买现货就较贵。通过预测性数据，可以降低采购成本。

跨境电商经验化运营和数据化运营的区别如下。

1. 适用门槛不同

经验化运营依赖从业者的相关业务经验与判断能力，不仅需要从业者有相关的跨境电商实践、经历和体验，或者获取可靠有效的其他人的跨境电商实践、经历和体验，而且需要从业者具备深刻的理解力、准确的判断力。

数据化运营依赖数据获取与数据分析能力，不仅需要企业有相关的跨境电商数据，还需要企业具备处理分析数据的工具和技术人员。

2. 适用团队不同

经验化运营的特点是应用速度快，技术要求低，且运营效率随运营者从业时间的增加而提升。经验化运营适合跨境电子商务领域中小规模的团队与公司。

数据化运营的特点是操作可复制性强，逻辑清晰，且运营效率随数据量与分析能力的提升而提升。数据化运营适合跨境电商领域任意规模（尤其是大规模）的团队与公司。

3. 适用运营环节不同

经验化运营一般适用于跨境电商运营过程中是非判断和不需要精确处理的环节，往往针对这些环节给出一个大致的方案。

数据化运营适用于经验化运营无法"精确"处理的环节，并给出一个非常精确的方案。例如，跨境电商第三方运营平台站内广告的单次竞价选择、多广告组的筛选与优化等。

（三）跨境电商综合运营

随着数字技术的发展，数据化运营已经可以通过数据分析的方法解决大部分的运营问题，但跨境电商仍然存在部分无法通过数据来解决的领域，例如图片拍摄、品牌设计、营销活动策划、客服体系搭建等。

数据化运营有局限性，经验化运营也有明显缺陷。所以，一些优秀的跨境电商运营者开始将数据化运营方法和经验化运营方法结合起来，从宏观、全局的角度考虑问题，进行跨境电商综合运营。例如，新手卖家可能会花大量的精力去学习如何使用 Excel 分析数据，如何上架，如何优化广告等具体操作；但是经验丰富的从业者可能会先思考这个产品有没有季节性，产品的生命周期是怎样的，在不同的产品生命周期中哪个环节是最需要关注的，进行宏观布局和重点规划之后，才会进行细节操作。

因此，跨境电商行业的发展对从业者提出了越来越高的要求，当今的跨境电商从业者需要具备综合能力，并能够综合运营，即综合运用经验化运营和数据化运营的方法，不断挖掘内容运营、新媒体运营、品牌化运营等运营渠道，以全局思维、战略思维对跨境电商运营过程中的各个环节进行经验指导和数据分析，并得出专业、精密而细致的运营结论，最终达到优化运营效果、降低运营成本、提高运营业绩的目的。

四、实训任务

（一）任务介绍

作为一名刚刚接触跨境电商运营工作的新人，你需要了解跨境电商运营岗位的任职资格和工作内容。

本任务要求登录前程无忧、智联招聘、英才网或 58 同城等招聘网站，寻找 3 个以上的跨境电商企业及运营岗位，分别统计出跨境电商运营岗位任职资格和工作内容中关于经验化运营和数据化运营的内容；同时，比较一下招聘信息中跨境电商出口运营岗位和进口运营岗位的数量哪个多。根据统计结果说出自己对于跨境电商运营的看法，并将所有内容制作成 PPT。

（二）任务开展与评价

完成 PPT 后，在同学中寻找一位合作伙伴，与小伙伴相互展示 PPT，并与小伙伴进行相互宣讲、打分和点评；学习委员将 PPT 和打分点评记录收集起来，交给老师检查。

评分标准如表 1-1。

表 1-1　跨境电商运营岗位的任职资格和工作内容调查评分表

序号	评分标准	评分分值	得分	点评
1	统计任职资格中对于数据化运营的要求	15		
2	统计任职资格中对于经验化运营的要求	15		
3	统计工作内容中对于数据化运营的要求	15		
4	统计工作内容中对于经验化运营的要求	15		
5	比较出口运营岗位和进口运营岗位哪个数量多	10		
6	对跨境电商运营的方法有自己的理解	10		
7	PPT 逻辑清晰、制作精美	10		
8	PPT 讲解流畅、大方	10		
总计		100		

任务二
跨境电商运营团队分工

一、跨境电商行业运营格局

根据唯物辩证法，整体和部分二者不可分割，相互影响。整体居于主导地位，整体的性能状态及其变化会影响到部分的性能状态及其变化；部分也制约着整体，甚至在一定条件下，关键部分性能会对整体的性能状态起决定作用。

跨境电商行业也是由一个个跨境电商团队组成的。作为整体，跨境电商行业运营格局在很大程度上决定着跨境电商团队运营的模式和特点。

跨境电商行业运营有多种分类方法。如图 1-1 所示，根据进出口方向的不同，跨境电商行业运营可以分为跨境电商进口行业运营和跨境电商出口行业运营；根据平台参与人的不同，跨境电商进口行业运营可以分为进口 B2B 运营和进口 B2C 运营；根据平台所有人的不同，跨境电商出口行业运营可以分为第三方平台出口运营和自建站平台出口运营。

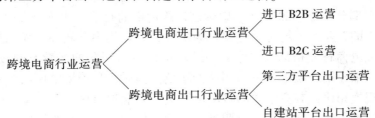

图 1-1　跨境电商行业运营分类

（一）中国跨境电商进口行业运营

中国跨境电商进口行业运营包括进口 B2B 运营和进口 B2C 运营。

1. 进口 B2B 运营

中国跨境电商进口 B2B 运营的主要企业有：行云集团、海米派、五洲会、海拍客、好易商、笨土豆、鑫网易商、海集供应链、跨境翼等。

2. 进口 B2C 运营

中国跨境电商进口 B2C 运营的主要企业有：天猫国际及考拉海购（2019年 9 月，阿里巴巴集团全资收购考拉海购）、京东国际、唯品国际等。

2020 年中国跨境电商进口 B2C 市场格局如图 1-2。较高的行业集中度使得中国进口跨境电商 B2C 市场呈现出"一超多强"的格局，阿里巴巴集团在进口 C 端处于超级龙头地位，京东国际、唯品国际等多位强企排名居前列，市场格局基本稳定。

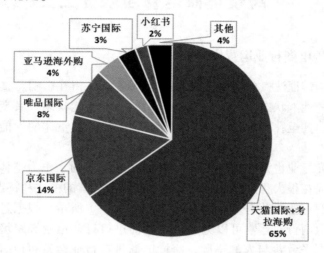

图 1-2　中国跨境电商进口 B2C 市场格局（2020 年）

天猫国际及考拉海购、京东国际、唯品国际占据了中国跨境电商进口 B2C 市场的大部分份额。2020 年，中国进口跨境电商行业集中度（CR3，即行业排名前 3 的企业的市场份额之和）为 79%，行业集中度较高，而高集中度的进口跨境电商行业格局留给小规模跨境电商进口团队的运营空间较小，所以本书不详细介绍跨境电商进口团队的运营。同时，与跨境电商出口企业近百万家的规模相比，有竞争力的跨境电商进口企业仅有区区几十家，企业数量稀少也解释了任务一的实训所调查的招聘岗位中，为什么跨境电商进口运营岗位远远少于跨境电商出口运营岗位。

（二）中国跨境电商出口行业运营

1. 中国跨境电商出口行业格局

2020 年中国跨境电商出口行业格局如图 1-3，可以看出，亚马逊、阿里巴巴集团（速卖通和国际站等）和 eBay 占据了中国跨境电商出口市场的前三位，中国跨境电商出口行业的集中度（CR3）为 32%，行业集中度相对较低，以第三方运营平台和自建站运营平台为主流。行业集中度较低、行业竞争度较高的跨境电商出口行业留给跨境电商出口团队的运营空间较大，因此本教材学习的重点为跨境电商出口团队的运营。

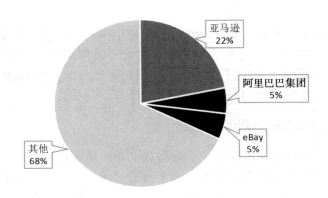

图 1-3 中国跨境电商出口市场格局（2020 年）

2. 中国跨境电商出口行业运营

根据跨境电商平台所有人的不同，中国跨境电商出口行业运营可以分为第三方平台出口运营和自建站平台出口运营。

（1）第三方平台出口运营

跨境电商第三方运营平台是指由跨境电商买卖双方之外的第三方建立一个电子商务平台，通过这个平台，境内外的买卖双方达成交易，并完成国际结算、国际物流和客户服务等跨境电商交易流程。例如，阿里巴巴国际站（以下简称"国际站"）就是第三方运营平台。

使用跨境电商第三方平台进行出口运营的团队就是跨境电商第三方平台运营团队。

根据弗若斯特沙利文数据，2020 年中国跨境电商出口 B2C 市场的整体市场规模约为 22870 亿元（若无特殊标注，以下货币单位为元的，均指人民币），其中 75%来自第三方运营平台，25%来自自建站平台，可见中国跨境出口 B2C 市场以第三方运营平台为主。

（2）自建站平台出口运营

跨境电商自建站也称为跨境电商独立站，是跨境电商运营方建立的电子商务平台，通过这个平台，跨境电商运营方向境外的买家销售自己的产品，并完成国际结算、国际物流和客户服务等跨境电商交易流程。

跨境电商自建站平台运营团队就是使用跨境电商自建站平台进行出口运营的团队。近年来风头正劲、在境外知名度很高的 SHEIN 公司（中文名为希音，是一家在线快时尚零售电商平台）就是中国代表性的跨境电商自建站企业。

根据亿邦动力研究院的数据，2021 年中国有近三成的跨境卖家建设了独立站，有 52% 的跨境卖家有 1 年以上的独立站使用经验。在建站工具方面，有 51.2% 的跨境卖家选择 Shopify，占比最大；其次是 BigCommerce，占比 13.8%；店匠、SHOPLINE 等其他工具占比为 8.3%。

二、跨境电商运营团队分工

了解了跨境电商运营行业运营格局，对跨境电商团队运营也有了宏观的印象，以下主要从跨境电商第三方平台运营团队、跨境电商自建站平台运营团队两个方面介绍跨境电商出口运营（后续章节也以跨境电商出口运营为主）。

（一）跨境电商第三方平台运营团队

跨境电商第三方平台运营团队包括基层操作人员、中层管理人员和高层管理人员，根据企业规模，不同公司的人员配备可能稍有不同。

1. 基层操作人员

跨境电商第三方平台运营团队的基层操作人员主要包括选品职员、采购职员、美工职员、销售职员、物流职员、客服职员、财务职员等。

（1）选品职员

选品职员的工作任务如下。

优化现有产品：制订公司产品线策略，定期进行市场调研，关注、收集行业的发展动态，深挖用户需求、竞争产品的情况，综合分析现有产品的用户反馈、成本和利润、市场容量、流行趋势等，进行优化并定期整理分析，提出产品优化建议和产品改进方案，保持并提升公司产品的市场竞争力。

开发新品：深入研究挖掘市场最新信息，精准分析消费者需求及现有竞争格局，根据公司现有产品线特点挖掘产品线新的增长点，推动产品线拓展，定期研究潜力商品，并深入分析市场容量、客户需求、竞争情况等，寻找优质的产品项目机会，开发有市场竞争力的产品。

制作产品报告：熟练使用第三方工具和数据分析软件，运用追踪、搜索、分析、汇总等方法进行产品的需求和供给调研，制作有数据支持的产品调研报告，为公司的产品体系建设与运营提供支持。

（2）采购职员

采购职员的工作任务如下。

供应商开发：根据公司产品线和产品定位，寻找优质供应商；负责供应商资质审核，排查合作风险，组织供应商谈判、合同签订等工作。

供应商管理：组织供应商询价、比价、议价，控制产品成本及产品质量风险；负责供应商渠道的开发与维护，建立健全供应商评价体系，确保供应商达到公司要求。

日常采购：全程跟踪订单，负责产品的验收、评估、反馈汇总等采购日常工作；处理采购异常、退换货补偿等突发事情；做好供应商和产品等各方面信息的记录，协助其他部门解决好产品相关问题。

（3）美工职员

美工职员的工作任务如下。

产品和店铺设计：拍摄跨境电商产品主图和相关视频；设计产品内页，进行店铺装修。

活动设计：设计制作公司日常活动和相关项目的宣传资料；配合执行公司的策划方案，进行企业活动的平面设计。

视觉优化：随时关注行业发展潮流，分析客户对公司的视觉反馈，制作视觉分析报告，并根据公司具体情况进行优化。

（4）销售职员

销售职员的工作任务如下。

产品展示和销售：管理平台账号，填写产品信息并上架产品、下架滞销产品、制定产品价格，确保店铺正常运作；根据市场特点，进行产品信息发布、订单处理、客户诉求回应、数据采集分析等线上营销服务。

产品优化和推广：优化关键词及排名，优化搜索引擎，保证日常出单；执行公司的销售策略，研究和尝试各种营销手段，推广公司产品。

完成销售业绩：根据公司营销目标，制订个人目标与营销计划，完成公司布置的销售任务；协助销售主管、产品专员收集资料和分析市场，制订销售策略等。

（5）物流职员

物流职员的工作任务如下。

产品出入库：按跨境电商平台的规定做好产品进出库的验收、记数和发放工作，做好账务；随时掌握库存状态，保证物资设备及时供应，提高产品周转效率等。

产品配送与跟踪：设置跨境电商平台的物流方案和物流模板；跟踪查询物流问题，跟进及回复异常扣件、退件等问题，并与物流商沟通解决；安排货物到海外仓，发票、装箱单以及通关单证的制作和对接。

物流费用跟踪和优化：管理、核对物流费用，保证物流费用准确性，提交财务部审核，并及时跟进付款进度；优化物流方案，降低物流成本。

（6）客服职员

跨境电商客服职员包括文字客服和语音客服。

①文字客服

文字客服在跨境电商行业比较常见，工作任务如下。

售前服务：通过运营平台、邮件等方式快速、准确解答外国客户关于产品、物流和结算等问题的咨询，了解客户的需求，处理售前问题，向客户提供专业的咨询服务，并在公司电脑系统中准确录入联系的客户信息。

售中服务：承接、处理客户订单，并跟踪订单进展状况，确保订单的按时完成。

售后服务：跟进客户订单，通过运营平台、邮件等方式处理业务纠纷、中差评以及退换货等售中、售后问题，提供专业的解决方案，保持店铺的好评率和良好的信用度。

完成绩效指标：及时学习及掌握新的业务知识，为客户提供专业服务，能够进行合理灵活的表达，并展示良好的服务态度；遵守客服服务准则，在客服关键流程达到客服运营的 KPI（Key Performance Indicator，即关键绩效指标）。

②语音客服

语音客服在跨境电商企业不是很常见，工作任务如下。

电话服务：通过电话处理运营过程中客户售前、售中、售后问题，如产品、物流和结算等；通过电话，联系顾客处理日常紧急重要事项，如评价、反馈、投诉等；配合其他部门的语音服务需求，如一些高货值产品的售前、售中、售后事项的跟进和其他电话联系事宜。

完成绩效指标：做好相关电话服务的登记工作，整理分析服务资料，优化客户服务工作；和文字在线客服同事保持良好的沟通和交流，共同完成客服运营的 KPI 指标。

（7）财务职员

财务职员的工作任务如下。

收入管理：审核、统计、汇总和分析网上店铺销售、退货、库存数据，以及对应的货款和其他收入数据。

支出管理：审核、统计、汇总和分析网上店铺推广和促销等运营费用数据、物流和仓储等费用数据、其他支出数据。

收支记录与分析：将店铺相关销售、退货、回款、运营费用、物流和仓储费用、存货收发存等相关数据录入 ERP（Enterprise Resource Planning，即企业资源计划）系统；分店铺、分产品编制公司业务损益表、资产负债表和现金流量表等财务报表。

2. 中层管理人员

元代马致远在《汉宫秋》中提道："千军易得，一将难求。"跨境电商运营团队也是如此，团队的每个部门都需要由经验丰富的运营管理人才带领，才能屡战屡胜，取得好的运营业绩。

跨境电商第三方平台运营团队的中层管理人员一般是跨境电商运营团队中某一个部门的主管或经理，统筹管理某一个部门的业务。

具体包括如下职位：产品经理、销售经理、物流经理、客服经理和财务经理。

（1）产品经理

产品经理的工作任务如下。

规划产品布局：根据公司发展战略，收集行业发展资讯，了解行业相关企业的市场信息，掌握市场及用户需求及主流趋势，提前规划公司的整体产品布局，制订公司产品的整体开发策略，确定中长期产品体系建设方案与政策。

制订产品开发计划：进行产品规划管理，对产品线进行系统规划和分析，定期主持本公司产品的市场分析、竞争对手分析、未来趋势分析、用户痛点、成本及风险评估，制订产品开发与运营计划，并能根据需求对产品进行二次开发。

产品开发和优化：协调各方资源，负责产品项目的执行，保证产品开发和实施阶段的进度与质量；负责产品线的效果评估以及后续改进工作，对整个产品线进行生命周期管理；负责产品知识产权审核，规避产品侵权风险，及时了解平台政策及竞争对手信息。

产品成本管理：熟悉服务成本和网络服务的特性，监控产品成本、利润率和退款率等指标，制订优化方案。

产品采购管理：协助公司负责人完成新供应商开发及供应商管理；协助物流经理进行产品采购的管理，保障产品质量和及时供应。

（2）销售经理

销售经理的工作任务如下。

市场调研：收集行业发展资讯，了解行业相关企业的市场信息，深挖市场及用户需求及主流趋势，收集市场供求信息并进行数据分析，评估提交市场分析报告。

销售规划：根据公司发展战略，制订公司的销售目标、销售策略和销售计划，包括运营平台选择、营销渠道开发、产品生命周期内销售政策的整体规划等。

销售实施：跟踪产品的销售情况，制定、调整产品的销售价格；策划产品营销活动，并对营销活动的实施进行调研、分析、预测；设计产品推广手段并进行效果评估等；定期进行销售总结与问题分析。

团队管理：搭建销售团队，监督、激励团队并进行目标分解，带领团队完成销售目标和业绩指标。

（3）物流经理

物流经理的工作任务如下。

供应链管理：负责公司供应链整体运作，优化供应链流程和处理效率，制订并执行公司供应链计划，管理供应链，达到快速反应、成本控制、产品交期及质量等方面的要求；关注市场动态，评估市场容量，分析产品前景和销售策略，根据产品生命周期、销售政策等信息优化供应链，做供应链精细化管理。

产品供应管理：根据运营预测和销售订单，制订合理的采购计划、生产计划、物流计划等，保证订单的及时交付，落实品类计划和物料采购，跟进生产进度与入库，确保准时、保质保量完成公司产品的生产、交付，做好销售及库存数据分析；根据销售计划开展物流调拨、发货管理工作，分析管控销售进度、销售库存，规划统筹公司的货品周转，提高产品库存周转率。

成本控制：配合运营、生产计划、采购、物流等，有效地控制总体生产、采购、物流费用，控制把控产品库存，负责协调滞销品的处理，监控公司库存水平，提出问题和改善建议，并跟进改善情况。

（4）客服经理

客服经理的工作任务如下。

客服工作管理：负责对售前、售中、售后的客服流程进行管理，和运营部门共同维护账号安全和健康；统筹协调管理运营平台的客服邮件、产品订单、用户投诉、退换货处理等客服类日常管理工作；及时跟进平台服务规则变化，及时调整各小组服务策略。

突发事件处理：针对公司突发事件，协调公司各部门资源，积极处理并达成结果。

团队建设：负责客服团队搭建、任务分配、业务指导和培训；拟定客服团队的工作目标计划和绩效方案，定期考核、评估客服的业务知识水平、工作能力及工作态度。

（5）财务经理

财务经理的工作任务如下。

主持财务工作：制订并汇报公司月度预算和季度预算，召集并主持公司月度预算分析与平衡会议，对公司发展战略、年度经营计划和跨部门项目给予配合及财务支持；参与公司重大财务问题的决策，提出专业性意见；努力拓展融资渠道，研究、审查重要经济合同并参与重要经济合同的决策；熟悉出口退税业务，对接工商、银行及相关政府部门。

编制财务工作报告：对跨境电商行业及公司的财务状况和经营成果进行分析和审查，编制运营管理报表，并对报表进行各维度分析，保证报表的真实、客观、清晰，定期向公司负责人提交财务分析工作报告。

完善财务制度：健全公司各项财务管理制度和内控制度，制定符合公司实际经营的财务规范，优化财务业务流程，进行财务风险管理；完善企业会计核算体系、财务内部控制体系和财务管理体系，管理公司的财务核算与财务分析工作。

财务团队管理：主导公司财税合规及财务组织架构设计；组织财务团队做好成本管理、预算管理、会计核算、会计监督等工作。

3. 高级运营管理人员

跨境电商第三方平台运营团队的高级运营管理人员一般是跨境电商运营团队中的最高管理者，是公司的总经理或者 CEO（Chief Executive Officer，首席执行官）。

高级运营管理人员的工作任务如下。

业务管理：负责跨境电商运营平台全流程及相关工作节点的管控和工作输出，指导各部门负责人完善和补齐业务运营管理中的短板和不足，提升部门的业务支持能力；管理业务系统流程，根据业务实际情况不断优化业务运营部门的工作效率，能够及时发现各业务部门出现的问题，针对问题提出解决方案并最终解决问题；掌握行业及公司各领域的市场信息，推动公司各项工作的创新变革，为公司发展做出探索。

团队管理：建立并不断优化公司的相关工作流程，监控流程的高效率执行，带领团队严格按照公司规划执行并最终达成相应目标；拟定和优化公司内部管理体系方案和各项管理制度，调动团队的积极性，不断提高员工的综合能力，促进团队能力提升；能够在日常工作之外，关注团队的发展方向与机遇，通过领导、策划和组织各类专项工作任务来提升团队战斗力和工作绩效。

整体协调：全面负责公司的经营管理与团队管理，制订各部门管理目标、计划指标并组织贯彻实施，定期向董事长汇报。

高级运营管理人员也被称作职业经理人，在跨境电商行业属于稀缺人才，通常需要在某一个跨境电商主流平台和某一个特定产品行业有两年以上的沉淀和累积；同时，高级运营管理人员很容易会选择自主创业。所以，在跨境电商第三方平台运营团队中，很多老板在充当这一角色。

（二）跨境电商自建站平台运营团队

依托自身力量独立自主地发展跨境电商自建站/独立站，也是跨境电商平台运营的重要组成部分。跨境电商自建站平台运营企业一般都有自己独立的网站、App 等应用程序，所以其运营团队除了产品人员、销售人员、物流人员、客服人员和财务人员等，还包括信息技术人员、网站和应用程序推广人员。

1. 信息技术人员

自建站平台运营团队需要自编程序或者使用第三方工具建立网站、App 等应用程序，所以信息技术人员必不可少。相比较而言，自编程序建立本公司应用程序的大型企业的数量较少，使用第三方工具建立本公司应用程序的中小企业数量较多。

这类企业团队的信息技术人员的工作任务如下：总结分析建站需求，确定网站风格定位、策划网站页面、专题页等；统筹公司独立站的网站规划、对接建站公司、网站验收等工作；根据公司的产品定位和营销目标，做好公司独立站的结构规划和内容规划等；负责筛选和对接第三方建站公司，细化明确公司需求，监督建站公司及时且高质量地完成建站工作并完成网站验收工作。

2. 网站和应用程序的推广人员

与第三方运营平台不同，自建站平台在建站的初始阶段是没有任何流量的，需要进行网站和应用程序的推广。

推广人员的工作任务如下：负责统筹独立站的搜索引擎、社交媒体等渠道的推广；接洽和筛选谷歌等搜索引擎的服务商，完成搜索引擎优化和搜索引擎营销的推广工作，监督预算消耗并进行效果评估；负责 Facebook 等海外社交媒体的基础内容的策划、更新和管理，接洽和筛选海外社交媒体的服务商，完成海外社交媒体服务商的推广工作，监督预算消耗并进行效果评估；负责通过其他渠道进行公司网站和应用程序的海外推广工作。

除了以上两类人员之外，跨境电商自建站平台运营团队与跨境电商第三方平台运营团队的人员分工是相似的。例如，自建站平台运营团队需要产品经理和美工。其中，产品经理也需要进行独立站内容的策划、素材的收集以及各板块基础内容的上传、完善和日常维护；需要进行独立站产品的规划和管理，包括产品线规划，产品素材收集和梳理，产品标题撰写和产品关键词收集，结合公司的产品定位撰写产品介绍和卖点等营销文案，并完成产品的独立站发布。独立站团队的美工也负责商品的摄影，包括拍摄产品图、场景图、模特图；负责公司独立站的日常产品图片设计，根据店铺风格、结合产品特点对独立站网页、产品详情界面进行设计等。

以上是对两种跨境电商运营团队人员分工的概括。实际上，跨境电商企业的团队业务都是相似的，但是具体每个企业的团队分工都有自己的特点，团队负责人要善于根据本企业的实际情况和特点进行人员分工和岗位设置，使得团队运营工作事半功倍。

三、实训任务

（一）任务介绍

跨境电商第三方平台运营团队和跨境电商自建站平台运营团队的人员分工和工作职责是不同的。请分别从跨境电商第三方平台运营团队（可以从招聘网站寻找）和跨境电商自建站平台运营团队（例如 SHEIN）找一个案例，比较两个运营团队的人员分工和工作职责，说出相同点和不同点，将所有内容制作成 PPT。

（二）任务开展与评价

完成 PPT 后，在同学中寻找一位合作伙伴，与小伙伴相互展示 PPT，并与小伙伴进行相互宣讲、相互打分和相互点评；学习委员将 PPT 和打分点评记录收集起来，交给老师检查。

评分标准如表 1-2。

表 1-2　跨境电商第三方平台和跨境电商自建站平台运营团队异同分析评分表

序号	评分标准	评分分值	得分	点评
1	跨境电商第三方平台运营团队的人员分工和工作职责清晰、明确	20		
2	跨境电商自建站平台运营团队的人员分工和工作职责清晰、明确	20		
3	两个团队的相同点具体、准确	20		
4	两个团队的不同点具体、准确	20		
5	PPT 逻辑清晰，制作精美	10		
6	PPT 讲解流畅、大方	10		
总计		100		

任务三
跨境电商运营团队建设

《吕氏春秋》中提到："万人操弓,共射一招,招无不中。"意思是,众人拿着弓箭,共同射向一个目标,这个目标没有射不中的。

春秋战国时期,人们就知道团队合作的重要性。跨境电商运营也需要团队合作才能完成,其中绩效管理就是进行团队建设的重要工具。

一、绩效管理工具介绍

通过绩效管理进行团队量化管理也是团队建设的常见手段。在绩效管理的过程中,常见的绩效管理工具包括目标管理(Management by Objective,MBO)、关键过程领域(Key Process Area,KPA)、关键结果领域(Key Result Area,KRA)、关键绩效指标(Key Performance Indicator,KPI)、目标与关键成果(Objectives and Key Results,OKR)、关键成功要素(Key Success Factors,KSF)、平衡计分卡(Balance Score Cards,BSC)等。

其中,KPI 是最常见的用来衡量不同部门或者岗位员工绩效表现的量化指标,本任务以 KPI 为例进行跨境电商运营团队建设。

二、KPI 绩效管理介绍

(一) KPI 的概念

KPI 是通过对组织内部流程的输入端、输出端的关键参数进行设置、取样、计算、分析,衡量流程绩效的一种目标式量化管理指标,是把企业的战略目标分解为可操作的工作目标的工具,也是企业绩效管理的基础。

(二) 认识跨境电商团队

利用 KPI 绩效管理工具进行跨境电商团队管理,首先需要了解跨境电商团队,即公司的组织结构和职能。

如图 1-4,成立一个跨境电商公司,一般需要以下几个步骤。

第一,成立股东大会,筹集资本;股东大会一般只有资产处置的权限。

第二,从股东中选出董事会,包括董事和董事长(一般小公司董事会包括 3 人或 5 人,大公司董事会包括 7 人或 9 人);董事会一般拥有发放工资奖金、确定年度预算、制订公司战略规划、重要职位任免 4 项权限。

第三,董事会任命总经理、财务总监等重要职位;由董事会任命的总经理和财务总监直接向董事会负责（如果财务总监由总经理任命，则财务总监向总经理负责）。

第四，总经理任命部门经理，负责公司整体运营。

第五，部门经理组建本部门团队，负责本部门运营。

图1-4　跨境电商公司的组织结构和职能

（三）KPI 的实施过程

按照从股东大会、董事会、总经理、部门经理和职员的公司结构，KPI绩效管理工具将组织层面的发展方向和具体每个岗位的工作方向联系在一起，不仅使每个岗位明确了工作方向和工作目标，而且形成岗位的KPI；通过每个岗位完成自身的KPI，公司能够达成目标、实现战略。

按照从上到下的组织结构，KPI的实施过程如图1-5。

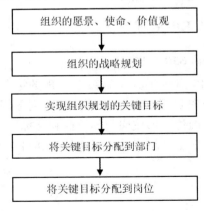

图1-5　KPI 的实施过程

通过图 1-5，可知 KPI 管理的过程如下。

第一，确定组织的愿景、使命和价值观，再确定实现这一目标的战略规划，奠定组织发展的基础。

第二，高层管理者运用 KPI，把组织的战略层层分解，发现组织经营管理中价值最高的关键环节。分解组织战略得出的部门关键目标和岗位关键目标对实现组织的战略规划有比较直接的支撑作用。

第三，中层管理者运用 KPI，了解所在部门应该聚焦哪些关键活动来帮助组织达成战略目标，诊断基层团队的工作是否偏离方向，让所在部门把主要精力放在最能驱动经营管理的活动中。

第四，基层管理者运用 KPI，帮助其监控绩效计划的实施进度，及时发现管理工作中潜在的问题，及时进行改进，并指导基层管理者采取行动。

第五，基层员工运用 KPI，清楚本岗位的主要工作，了解本岗位的关键价值所在，把主要的精力运用在关键价值的创造上。

（四）KPI 的应用场景

KPI 绩效管理工具就像一把尺子，能够用来测量整个组织、各部门、各岗位的数据和结果；但是，KPI 不是万能的绩效管理工具，它不适合所有组织，也不适合所有岗位，它有自己的应用场景。

所以，从组织发展周期的角度来看，KPI 管理工具比较适合处在成熟期的组织使用；从行业属性的角度来看，KPI 比较适合运用在业务发展比较稳定的行业；从岗位属性的角度来看，KPI 比较适合运用在工作容易被量化，工作内容比较稳定、变化较小的岗位。

三、跨境电商团队 KPI 管理

（一）跨境电商团队 KPI 分解

KPI 分解是应用 KPI 管理工具实施绩效管理的第一步。在这一步中，要根据跨境电商团队的战略目标，将团队目标分解到部门，形成部门的目标和指标，再由部门分解到岗位，形成岗位的目标和指标。

根据跨境电商团队分工，跨境电商团队的 KPI 分解可参见图 1-6。

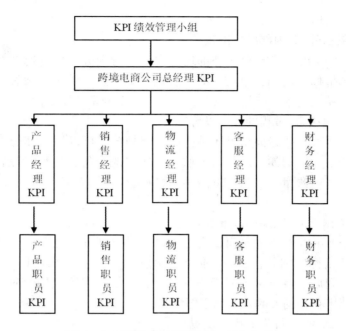

图1-6 跨境电商团队的 KPI 分解

(二) 设定跨境电商团队具体 KPI

1. 设置跨境电商团队 KPI 指标的方法

跨境电商团队可以根据岗位职责中要求的关键工作设计 KPI 指标结构，再依据不同的场景、不同的环境、不同的层级和不同的岗位有针对性地实施应用。

设置跨境电商团队 KPI 指标的方法如下。

（1）依据财务/非财务的标准设置

如果按照 KPI 是否体现在财务数据上，可以把 KPI 分成财务类指标和非财务类指标。例如，销售额、毛利额、利润额等属于财务类指标；顾客满意度、员工流失率、生产计划完成率等属于非财务类指标。

（2）依据定量/定性的标准设置

如果按照 KPI 能否被量化，可以把 KPI 分成定量指标和定性指标。例如，人均招聘成本、人均人力费用、人均培训时间等属于定量指标；公司制度的健全程度、内部沟通的顺畅程度、员工的工作态度表现等属于定性指标。

（3）依据数量/比率的标准设置

依据数量/比率的标准，可以把 KPI 分成数量指标和比率指标。例如，销售收入、顾客投诉次数、客流量等属于数量指标；费用率、毛利率、达成率等属于比率指标。

（4）依据外部/内部的标准设置

如果按照 KPI 来源于公司外部还是内部进行划分，可以把 KPI 分成外部指标和内部指标。例如，市场占有率、顾客满意度、供应商满意度等属于外部指标；产品损耗率、产品盘点差异率、产品毛利率等属于内部指标。

（5）依据结果/过程的标准设置

如果按照 KPI 是指向结果还是指向过程划分，可以把 KPI 分成结果类指标和过程类指标。例如，产品营业收入、客户成交量、毛利率等属于结果类指标；拜访客户数量、与客户电话沟通数量、合同签订质量等属于过程类指标。

（6）依据长期/短期的标准设置

如果按照 KPI 在不同时间长度上的显现情况划分，可以把 KPI 分成长期指标和短期指标。例如，一段时间的毛利额、员工在一段时间内的离职率、员工一段时间后的转正率等属于长期指标；会议纪要完成的及时性、培训的及时性、档案存档的及时性等属于短期指标。

（7）依据业绩/行为的标准设置

如果按照 KPI 是指向业绩还是指向行为划分，可以把 KPI 分成业绩类指标和行为类指标。例如，销售额增长率、成本降低率、利润提升率等属于业绩类指标；会议召开次数、顾客投诉处理次数、培训次数等属于行为类指标。

（8）依据重要/日常的标准设置

如果按照工作任务的重要性以及发生的频率，可以把 KPI 分成重要任务指标和日常任务指标。例如，完成公司的融资计划、完成公司的上市计划、完成 ERP 系统上线计划等属于重要任务指标；完成安全培训计划、质量检查计划、设备检查计划等属于日常任务指标。

（9）依据关键/非关键的标准设置

根据 KPI 的重要程度，可以把 KPI 分成关键指标和非关键指标。例如，净利润、现金流、新客户增长等属于关键指标；工作环境的整洁程度、工作报告提交的及时性、员工缺勤率等相对来说属于非关键指标。

（10）依据计划内/计划外的标准设置

根据 KPI 是否体现在计划中，可以把 KPI 分成计划内指标和计划外指标。例如，工作计划完成率、销售预算额达成率、毛利预算额达成率等属于计划内指标；临时工作完成率、应对突发状况及时性、客户投诉处理满意度等属于临时出现的计划外指标。

（11）依据通用/专用的标准设置

根据 KPI 是通用还是专用，可以把 KPI 分成通用型指标和专用型指标。例如，工作计划完成率、工作完成及时性、工作差错率等属于通用型指标；机械设备完好率、设备故障停机率、设备检修及时率等属于与机械设备相关岗位的专用型指标。

（12）依据关联/独立的标准设置

根据 KPI 之间是否存在关联性，可以把 KPI 分成关联性指标和独立性指标。例如，对销售部门来说，销售额、客户数量、销售费用 3 个指标之间存在关联性，属于关联性指标；合同签订的完整性、市场调研的完成性、客户拜访的次数这 3 个指标之间不存在关联性，属于独立性指标。

（13）依据当前/未来的标准设置

根据 KPI 是为当前业务还是为未来发展，可以把 KPI 分成当前业务指标和未来发展指标。例如，对人力资源管理岗位来说，围绕当前招聘满足率、员工离职率、部门费用控制的指标属于当前业务指标；围绕未来的劳动效率、人力费用率、培训计划完成率的指标属于未来发展指标。

2. 设置跨境电商团队 KPI 指标的目标值

公正是社会主义的本质体现，是构建和谐社会和实现科学发展的必要前提。促进社会公正，是全面深化改革的出发点和落脚点，也是中国特色社会主义的内在要求。设置跨境电商团队 KPI 指标的目标值和权重同样需要体现公正，公正是衡量跨境电商团队 KPI 指标的目标值和权重是否合理的重要标准。

绩效指标的目标值设置得过高或过低都会影响员工的薪酬、晋升和发展。如果操作不当，可能导致员工对公司失去信心，也可能导致员工的工作积极性下降。

设定 KPI 的目标值一般需要长期的数据积累与管理经验的积累，并且需要清晰的、更高层级指标的目标值。

在给岗位设计和分解 KPI 的目标值时，需要注意以下内容。

（1）以岗位职责中要求的工作任务为基础，并以此为依据设计工作标准和目标值。

（2）岗位的目标值要参考公司和部门的目标值。

（3）岗位的目标值要参考从事该岗位员工历史完成的目标值。

（4）岗位的目标值要参考同类岗位其他员工目标值的完成情况。

（5）如果条件允许，可以参考相同行业或竞争对手同类岗位的目标值。

如果可以获得以上信息，绩效考核小组可以和员工综合考虑以上目标值的信息，设计岗位的目标值。

如果缺乏这些数据作为参考依据，绩效考核小组可以和员工共同讨论后，设定一个数值作为第一期的目标值，之后的每一期都可以在这个目标值的基础上修订。

3. 设置跨境电商团队 KPI 指标的权重

不同 KPI 指标的重要性不同。有的 KPI 指标比较重要，权重值应当设置得较大；有的 KPI 指标相对不重要，权重值应当设置得较小。

常见的设计 KPI 权重的方法有 2 种。

（1）专家评审法

通过专家评审法设计 KPI 权重的方法是组成专家团，由专家团中的专家作为评委，独立对当前所有的 KPI 的权重进行评价，对专家评价的结果取平均值，得出最终的 KPI 的权重。

例如，某跨境电商团队根据岗位职责中要求的关键工作，将销售部门的 KPI 分别设置为销售总金额、顾客数量、会员顾客数量、利润率、单位销售成本（取得单位销售收入需要的销售成本，包括广告费用、销售人员薪水等）5 个定量指标，以及开拓新跨境电商运营平台、开发新营销手段、优化原有营销方式 3 个定性指标。

为了确认这 8 项指标的权重，绩效管理组织成立了绩效管理专家组。

该专家组由总经理（用 A 评委表示，专家评分权重 50%）、销售部门经理（用 B 评委表示，专家评分权重 20%）以及 3 位外部的销售专家（分别用 C 评委、D 评委、E 评委表示，专家评分权重均为 10%）组成。

专家组成员对销售部门 8 项 KPI 指标的权重实施独立评价并打分，指标最终权重等于专家打分乘以专家权重的和，得到的最终结果如表 1-3 所示，其中，5 位专家对销售总金额的权重打分分别为 0.3、0.2、0.3、0.2 和 0.2，那么该指标的最终权重等于 0.3×50% +0.2×20% +0.3×10% +0.2×10% +0.2×10% = 0.26。同理，可以得到顾客数量等销售部门其他 KPI 指标的权重。

表1-3 专家评审法确定KPI指标权重

指标名称	指标值	指标权重					
		A 评委	B 评委	C 评委	D 评委	E 评委	指标最终权重
销售总金额	完成基本任务得60 分，超额完成部分根据评分标准加分，未完成部分根据评分标准减分	0.3	0.2	0.3	0.2	0.2	0.26
顾客数量		0.1	0.2	0.15	0.1	0.1	0.125
会员顾客数量		0.2	0.1	0.15	0.1	0.15	0.16
利润率		0.05	0.1	0.05	0.1	0.05	0.065
单位销售成本		0.1	0.1	0.1	0.05	0.05	0.09
开拓新平台	绩效评定小组根据工作总结主观评分	0.1	0.1	0.1	0.2	0.2	0.12
开发新营销手段		0.1	0.1	0.1	0.15	0.15	0.11
优化原有营销方式		0.05	0.1	0.05	0.1	0.1	0.07

最后，根据销售部门KPI各指标的评分和权重，可以计算得出销售部门所有职员的KPI最终得分。

例如，某员工的各指标的分值分别为销售总金额80分、顾客数量60分、会员顾客数量70分、利润率80分、单位销售成本75分、开拓新平台10分、开发新营销手段80分、优化原有营销方式85分，那么该员工的最终KPI分值为：80×0.26+60×0.125+70×0.16 +80×0.065 +75×0.09+10×0.12+80×0.11+85×0.07 = 67.4分。

（2）沟通设计法

沟通设计法是通过上级管理者和下级员工的沟通来设计KPI的权重，这是最简单的KPI权重设计方法。管理基础比较薄弱，没有历史数据可以参考的初创公司或小微公司比较适合选择这种方法。

沟通设计法的关键在于双向沟通，而不是单向传达。不是上级直接把权重划分好强压给下级，而是上级和下级就KPI的重要性进行协商，找到KPI权重的平衡点。

4. KPI考核周期设计

在确定了KPI的指标结构、指标的目标值和指标权重后，可以计算出KPI指标值，完成初步KPI考核。但是，不同的岗位、不同的层级可能需要不同的考核周期，还要根据岗位层级属性的不同和岗位类别属性的不同确定团队的KPI考核周期。

（1）根据职位高低设计考核周期

一般越往高层，KPI 的考核周期越长；越接近基层，KPI 的考核周期越短。

在跨境电商运营团队，高层管理者的考核周期可以是两年、年度、半年度，中层管理者的考核周期可以是年度、半年度、季度，基层职员考核周期可以是年度、半年度、季度、月度、周和天。

（2）根据岗位属性设计考核周期

根据岗位属性不同，可以分成产品开发类、销售业务类、物流业务类、客户服务类和财务管理类等。

客户服务类岗位的员工因为几乎每天都要和客户打交道，客户服务的结果往往能够得到即时的体现，所以客户服务岗位的 KPI 考核周期一般比较短。尤其是对于客户投诉处理的客服岗位，更是分秒必争。根据公司的具体情况，客户服务类岗位的 KPI 考核周期可以以天、周度或者月度为单位。

销售业务类岗位由于需要激励的即时性，所以 KPI 考核周期不能太长，根据公司情况可以采取周度、月度或者季度为 KPI 考核周期。

物流业务类和财务管理类岗位往往需要一定的时间才能看到绩效管理的效果，如果 KPI 考核周期设置得较长，则又可能起不到管理的效果。所以这两类岗位可以采取月度或者季度为 KPI 考核周期。

产品开发类岗位一般因为产品研发项目的周期较长，可以按照项目的周期设置 KPI 考核周期，可以根据公司情况，以月度、季度、半年度或者年度为单位设置 KPI 考核周期。

（三）KPI 结果改进

KPI 结果改进是跨境电商团队根据 KPI 绩效管理的结果进行团队的优化和建设，是整个团队采取的改善行动，这也是 KPI 绩效管理的根本目的。

根据唯物辩证法，事物的发展往往经历"肯定—否定—否定之否定"的过程，呈现为波浪式前进、螺旋式上升。在跨境电商团队 KPI 绩效管理的过程中，也会出现"肯定—否定—否定之否定"的周期，从而实现团队建设结果的波浪式改进和团队绩效的螺旋式上升。

1. 沟通对 KPI 结果改进的重要作用

例如，上级在进行 KPI 评价时，不仅要看下级的目标是否达成，更要学会有技巧地告诉下级其差距所在。毕竟，员工能力的成长是更加长期的收益，而 KPI 评价结果只是暂时的。

上级在绩效改进的过程中要以先改变环境再改变个体为原则，尽量通过流程、工具和制度的支持，来提高下级的工作成果。

2. KPI 结果改进的三个维度

（1）KPI 对团队工作的改善

从团队的维度，根据 KPI 绩效管理结果可以改进的内容包括公司或部门内部的文化氛围、人员配置、工作方式、工作重点、工作的先后顺序、部门与协同部门间的关系、形象或印象、提供的资源、流程制度的改变等。

（2）KPI 对上级工作的改善

从上级的维度，可以进行 KPI 结果改进的内容包括上级个人素质的提升、上级管理风格按需调整、上级管理方法相应改变、上级对业务的熟练程度、上级对下级的了解程度、上级与下级之间的关系、上级个人魅力的提升等。

（3）KPI 对下级工作的改善

从下级的维度，可以进行 KPI 结果改进的内容包括下级自身的作业环境的改善、下级工作技能的提升、下级工作方法的改变以及下级工作习惯的改变、下级对待工作的态度、下级的个人需求和欲望、下级的职业生涯规划、下级与同事之间的配合程度的改变等。

四、实训任务

（一）任务介绍

以小组为单位，共同完成跨境电商部门 KPI 绩效管理的制度设计，任务步骤如下。

1. 通过以宿舍为单位或者教室座位顺序等方式成立股东大会，列出名单。

2. 股东大会选出董事会（3 人或 5 人），列出名单。

3. 由董事会确定总经理，列出名单；同时，董事会确定总经理的 KPI 考核制度设计。

4. 由董事会提名财务总监，总经理批准。列出名单。

5. 由总经理任命各部门经理，列出名单。

6. 部门经理配合人事部门组建本部门团队（如果宿舍人手不够，部门经理可以从其他宿舍招聘员工，或者省略该步骤）。

7. 由总经理牵头，联合各部门经理和外部专家等人，成立 KPI 绩效管理团队。

8. 由 KPI 绩效管理团队制定本企业的 KPI 绩效管理制度。

（二）任务要求

1. 本任务为团队任务，集体完成跨境电商部门 KPI 考核制度设计。

2. 部门经理包括跨境电商产品部门、销售部门、物流部门、客户服务部门、财务部门或者其他部门经理。

3. 要求综合运用专家评审法和沟通设计法等方法，设计考核部门的考核周期、KPI 指标名称、KPI 指标值、KPI 指标权重和考核奖惩方法。

4. 完成任务后，将所有内容制作成 PPT，学习委员收齐后交给老师。

巩固练习

一、不定项选择题

1. 跨境电商运营就是对跨境电商企业运行和营业过程的计划、组织、实施和控制，是与（　　　）等活动密切相关的各项管理工作的总称。

A. 跨境电商产品开发　　　　　B. 跨境电商营销

C. 跨境电商结算　　　　　　　D. 跨境电商物流

E. 跨境电商客户服务与品牌建设

2. 一支团队是否能在运营过程中有效施展其营销策略，换取一步高于一步的利润空间，进而在一个相对长的时间内得到稳定的发展，其根本是需要有（　　　）作为基础和落脚点。

A. 坚实的产品　　　　　　　　B. 优秀的营销

C. 高效的物流　　　　　　　　D. 良好的服务

3. 营销的内容很多，可以从（　　　）等方面打造跨境电商营销体系。

A. 营销团队　　　　　　　　　B. 营销目标

C. 营销方案　　　　　　　　　D. 营销规则

4. 跨境电商物流体系建设与运营应该考虑（　　　）等因素。

A. 物流配送区域　　　　　　　B. 物流配送时效

C. 货物自身特点　　　　　　　D. 物流成本

5. 数据化运营的特点是（　　　）。

A. 技术要求低　　　　　　　　B. 逻辑清晰

C. 可复制性强　　　　　　　　D. 依赖从业者的判断能力

6. 中国跨境电商进口 B2C 市场的企业有（　　　）。

A. 行云集团　　　　　　　　　B. 天猫国际

C. 京东国际　　　　　　　　　D. 唯品国际

7. 根据弗若斯特沙利文数据显示，2020 年中国跨境电商出口 B2C 市场的整体市场规模约为 22870 亿元，其中（　　　）来自第三方运营平台，（　　　）

来自自建站平台。

A.80%，20%　　　　　　　　B.75%，25%

C.70%，30%　　　　　　　　D.65%，35%

8. 在跨境电商运营团队，产品经理的工作任务包括（　　　）。

A. 规划产品布局　　　　　　B. 制订产品开发计划

C. 产品开发和优化　　　　　D. 产品成本管理

E. 产品采购管理

9. 从组织发展周期的角度，KPI 管理工具比较适合处在（　　　）的组织使用；从行业属性的角度来看，KPI 绩效管理工具比较适合运用在（　　　）的行业。

A. 初创期，业务发展开始拓展　　B. 成长期，业务发展快速上升

C. 成熟期，业务发展比较稳定　　D. 衰落期，业务发展比较稳定

10. KPI 指标的权重设计方法包括（　　　）。

A. 领导决定法　　　　　　　B. 专家评审法

C. 全体成员投票法　　　　　D. 沟通设计法

二、讨论题

你认为跨境电商运营应该包含哪些活动？哪个活动最重要？

 # 项目二　跨境电商产品体系建设与运营

【知识目标】

1. 熟悉跨境电商出口选品前的准备工作；
2. 掌握跨境电商出口选品的策略和方法；
3. 掌握关键词收集与筛选的方法；
4. 掌握标题、关键词、详情页编辑技巧，熟悉平台对产品详情页面的要求；
5. 理解店铺绩效考核指标的内涵，熟悉主流平台的店铺运营指标。

【技能目标】

1. 能够运用站内频道、第三方工具等，进行多渠道数据采集和出口选品；
2. 能够使用工具进行图片、图像处理，制作符合平台要求的图片、短视频；
3. 能够熟练制作并整理关键词表，编辑产品标题，进行产品发布；
4. 能够实时了解并跟踪店铺绩效，促进店铺良性运营；
5. 能够从视觉效果、产品、客户服务、物流和财务等方面，提高店铺运营绩效。

【素质目标】

1. 培养学生进行行业趋势预判的能力；
2. 培养学生撰写方案等文字表达能力；
3. 培养学生的图片和视频制作能力；
4. 培养学生良好的沟通能力和团队合作意识，与各部门有效沟通。

任务一
跨境电商出口选品

跨境电商产品体系建设与运营，包括出口产品体系建设与运营、进口产品体系建设与运营两部分。本项目主要介绍出口产品体系建设与运营（后续章节也以跨境电商出口运营为主）。

一、跨境电商出口选品介绍

"产品体系建设"在跨境电商运营中起着"打地基"的作用，本任务首先学习跨境电商出口选品。出口选品是指跨境电商出口企业的运营者通过系统、科学的市场调研，综合运用经验分析和数据分析等方法，确定符合要求的产品和供应商的过程。

跨境电商出口选品是跨境电商产品体系建设的重点，在跨境电商领域有一句话：七分产品，三分运营。选对出口商品并抓住出口潮流、赶上销售旺季，可能收获颇丰；看到市场爆款后跟风销售，可能订单量不错但是利润稀薄，甚至遇到流行趋势改变，从而严重亏损。

选品不应依据个人喜好，也不能仅看数据报告，而是应该建立在对商品了解和对目标市场需求了解的基础上，做出综合判断。

本任务将介绍选品的一些基本方法，可以作为建设跨境电商产品体系的基本思路。

二、跨境电商出口选品前的准备工作

《礼记·中庸》中提出："凡事豫（预）则立，不豫（预）则废。"意思是，做任何事情，事前有准备就可以成功，没有准备就会失败。作为跨境电商运营的基础，跨境电商选品也需要进行充分的准备。

开始跨境电商出口选品之前，需要做好以下工作。

（一）进行跨境电商市场调研

跨境电商出口选品首先需要进行市场调研，可以针对目标市场，运用案头调研、实地调研等方法进行市场分析，包括进入市场的可行性分析、获利的可能性分析和市场规模分析等。

（二）确定跨境电商出口选品原则

一般来说，跨境电商出口选品需要考虑几个原则：有市场潜力、产品操

作简单、产品有独立的设计、产品没有法律纠纷、产品定价合理、避免产品受季节性波动影响、避免产品生产过程过于复杂或生产时长过久、能解决用户的痛点、适合国际物流、售后服务简单。

此外，出口选品还需要注意很多细节，例如，注意细分销售市场、动态调整供应商和选择运营平台等。

细分销售市场：全球有 200 多个国家和地区，每个国家和地区的地理环境、社会环境不同，消费习惯也有很大区别，所以相同商品在全球不同市场的销售情况可能大相径庭。建设跨境电商出口产品体系就需要针对目标市场特点，选择适合的商品，打造有针对性的产品线。

动态调整供应商：因为市场和行业都是不断发展变化的，所以产品线的打造不是一次到位的，需要根据销售情况不断地进行优化和调整，这种动态调整是企业保持竞争力的关键。只有不断地进行科学、合理和系统的优化与组合，不断寻找更合适的供应商、打造出更优化的产品线，才能让企业永远保持竞争力。

选择运营平台：一般来说，很多综合性第三方运营平台都存在一些相似甚至相同的热卖产品；但是，每个跨境电商运营平台的产品特点和用户群体又会有所不同，在某一个平台卖得好的商品不一定在另一个平台上也能卖得好。所以，建设跨境电商出口产品体系还应该考虑平台因素，充分利用平台所提供的信息进行出口选品。

（三）企业分析

建设跨境电商出口产品体系，还需要进行企业分析，根据本企业的实际情况，打造适合的跨境电商出口产品体系。

第一，分析供应商资源。中国很多地区都有大规模的产业带，例如，广州女装产业带、义乌小商品市场、苏州婚纱产业带等。产业带的特点是商品丰富，相关的上下游商品都很齐全，价格也有明显的优势；如果身边有可以合作的工厂，与工厂直接合作不仅可以控制价格，还可以实现小批量定制化生产，拿到独特的商品。如果这些供应链资源都没有，还可以寻求线上的供应商，例如，阿里巴巴 1688 批发平台等。

第二，分析团队优势是研发，还是铺货。如果团队成员有研发和生产的背景，就可以利用这项优势走专而精的商品路线，即使是小众类目，只要市场容量够大，也值得深耕；如果团队没有研发和生产背景，可能需要从跟卖开始。

第三，评估企业的资金情况。综合考虑企业的采购成本、物流成本、仓储成本、人力成本等，根据企业实力选择经营策略，合理分配资金。分配资金时还要考虑回款周期和补货周期，尽量减少库存，避免资金积压。

第四，确定店铺定位。走进一家运营良好的线下实体店，通常都能看出这家店铺的定位和特色——是低端平价商品的杂货铺，还是有中高档风格的精品店。同样，运营跨境电商出口店铺也必须有明确的定位，清晰准确的定位容易给买家留下深刻的印象，便于买家进行选择，从而提高买家的复购率。

第五，确定商品组合。不同属性的商品可以为跨境电商出口产品体系贡献不同的价值，选择不同属性的商品，确定商品组合也非常重要。有些商品适合低利润走量，例如环保包；有些商品适合做高利润精品，例如，真皮包。选择什么类型的产品，进行什么样的搭配，这是建设跨境电商出口产品体系必须考虑的问题，选择薄利多销的商品就要突出价格优势，选择高利润的精品就要突出商品的独特性。

三、跨境电商出口选品的策略和方法

（一）选品策略

在跨境电商出口选品过程中，常见的选品策略包括"红海"市场选品、"蓝海"市场选品和潜力市场选品等。

1. "红海"市场选品

"红海"市场是指消费者和供应商均较多、行业竞争激烈的市场。因为消费者众多，市场空间巨大，所以供应商也很多，行业发展非常成熟，产品和服务同质化严重。充分的、白热化的竞争市场，被形象地称为"红海"。

"红海"市场的选品可以使运营者在短期内获得较多的曝光机会，但激烈的竞争也对运营者提出很高的要求。

2. "蓝海"市场选品

"蓝海"市场是指消费者和供应商均较少、行业竞争不激烈的市场。因为消费者稀少，市场空间不大，所以供应商也很少，行业发展不成熟，甚至行业还没形成，产品和服务处于起步阶段，甚至还没有任何产品和服务。这种市场就像未知的、遥远的蓝色海洋一样，所以，不被大众所熟悉甚至还不存在的市场被形象地称为"蓝海"。

"蓝海"市场选品可能需要运营者花费较长的时间和精力，才能有所建树。

3. 潜力市场选品

潜力市场是指消费者和供应商的数量正处于上升期，或者已经处于上升期的市场。不仅"蓝海"市场内部可能存在潜力市场，"红海"市场内部也有可能存在潜力市场。

较早进入潜力市场的运营者比较容易抓住市场红利，从而取得不错的销售业绩，所以，潜力市场选品是一种不错的选品策略。

（二）出口选品方法

出口选品没有固定的套路，方法非常多，包括通过海外市场调研，研究海外社交媒体、第三方运营平台的热销产品和境外的热销产品，借助优秀跨境电商卖家和数据化的工具等进行选品。

根据产品是否原创，出口选品方法可以分为两种。

1. 原创性选品

原创性选品是指运用实地调研法和案头调研法，通过海外实地调研、海外社交媒体调研、行业论坛调研、政府及研究机构调研、国际组织调研、国际商会和行业协会调研等方法获取目标市场供给和需求的信息，找到供给不足却需求旺盛的产品，然后再找到该产品的供应商，或者根据需求由企业自行开发产品，从而建立起企业的跨境电商出口产品体系。

通过海外市场调研、海外社交媒体调研等选品属于原创性选品。原创性选品在市场上的竞争性产品不多，如果原创性产品能够获得消费者的认可，就能取得不错的销售业绩，但是原创性选品市场调研投入大、产品开发难度大、建设周期长。

2. 非原创性选品

非原创性选品是指通过经验观察或者使用数据化工具统计跨境电子商务第三方运营平台、自建站平台的商品销售情况，找到平台的热销商品；然后再找到热销产品的供应商，或者根据热销产品模仿开发，从而建立起企业自身的跨境电商出口产品体系。

通过第三方运营平台的热销产品、境外的热销产品及借助优秀跨境电商卖家、通过数据化的工具选品等都属于非原创性选品。非原创性选品的产品都是经过市场检验的"红海"产品，可能使运营者在短期内获得较多的曝光机会，操作难度相对较小，也是运用较多的选品方法。

四、亚马逊选品案例

不同跨境电商运营平台选品的方法略有不同，但整体思路和底层逻辑均相同。本任务以亚马逊平台为例讲解出口选品。

（一）亚马逊站内选品的方法

很多跨境电商运营平台都提供了站内选品的方法，例如，Wish 平台有Wish Top 站内选品，速卖通平台有数据纵横选品和速卖通直通车站内选品。亚马逊平台提供 5 个排行榜供运营者选品，即热销排行榜（Best Sellers）、新品排行榜（New Releases）、销售飙升排行榜（Movers & Shakers）、愿望清单排行榜（Most Wished For）和礼物排行榜（Gift Ideas），如图2-1所示。

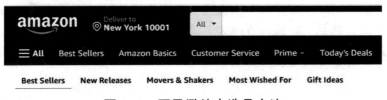

图2-1　亚马逊站内选品方法

1. 热销排行榜

这个榜单可以让卖家清楚地看到每个类目下卖得最好的产品，如果对列表的这些产品进行认真研究、梳理，并结合实际情况考虑（如资金、资源等因素），评估是否有能力运营这些产品，就可以达到选品目的。但是，所有卖家都希望能在这个地方找到自己的产品，因此竞争非常激烈。

2. 新品排行榜

这个榜单展示的是上架时间较短，但排名上升速度较快的亚马逊的"新星"产品，有的产品刚刚开发出来，或者是老产品具备了新的功能，而且新功能很受用户的喜欢。与热销榜里那些竞争激烈、难以追赶的产品相比，这里的产品可能更值得卖家选择。

3. 销售飙升排行榜

销售飙升榜用来展示亚马逊平台销售上升较快的商品，每个产品的上方都会有红色和绿色的箭头，绿色箭头表示人气在上升，红色箭头则表示人气在下降。卖家可以根据箭头的颜色来选择一些有潜力的产品。

4. 愿望清单排行榜

愿望清单排行榜用来展示亚马逊买家希望购买的产品。愿望清单是亚马逊平台通过搜集消费者的访问数据而形成的，当愿望清单中的产品有折扣消息的时候，亚马逊平台会通过邮件自动提醒消费者。如果卖家能以更优惠的价格提供此产品，那么减价促销活动都会带来更多的销量，从而赢得商机。

此外，该榜单展示的是人们想买但是由于种种原因未购买的商品（即加入购物车未付款），运营者通过这个榜单可以挖掘阻碍消费者付款的原因是哪些，从而做出针对性的调整。

5. 礼物排行榜

这是亚马逊的一个特殊榜单，顾客在亚马逊平台上购买礼物后，亚马逊会提供礼品包装服务，并在指定的时间送货。在欧美地区一些盛大节日来临前，卖家可以参考这个榜单备货。

6. 总结

上述 5 个榜单都展示过去一段时间内亚马逊平台表现最好的 100 件商品，为运营者提供出口选品的参考。从选品策略来看，热销排行榜和礼物排行榜属于"红海"选品，新品排行榜属于"蓝海"选品，销售飙升排行榜和愿望清单排行榜属于潜力选品；从是否原创的角度，这 5 种榜单选品都是非原创性选品。

通过榜单进行跨境电商运营平台的站内选品是常见的非原创选品方式。例如，阿里巴巴速卖通平台也提供了站内选品的栏目：第一，通过速卖通前台的 FlashDeal 进行选品，FlashDeal 的产品都是平台活动产品，一般来说，可用于平台活动的产品流量较高，热销程度较高，所以可通过 FlashDeal 选品；第二，通过速卖通平台 Bestselling 来选品（类似亚马逊的 Bestseller）；第三，通过趋势选品，在速卖通后台，卖家可以查看行业情报，通过行业情报进行各个行业的流量分析和交易转换分析，从而得到相关的潜力行业、潜力产品类别。

总体而言，仅依靠跨境电商运营平台的榜单进行选品比较粗糙。例如，通过亚马逊 5 大榜单进行站内选品，榜单不仅统计时间段太短（每 24 小时更新），而且没有统计产品利润、市场集中程度等关键指标，还不能覆盖平台所有的产品类目。所以，如果想提高选品的可靠性，还需要借助运营辅助工具进行精细化选品。

（二）通过运营辅助工具选品

荀子在《劝学》中提出："君子性非异也，善假于物也。"意思是，君子的资质秉性跟一般人没什么不同，（只是君子）善于借助外物罢了。跨境电商运营也需要借助外物，通过运营辅助工具选品，可以事半功倍。

对于跨境电商运营平台的前台数据，运营者可以手工下载，也可以使用爬虫工具下载，然后对下载的前台数据进行分析，根据分析结果进行精细化选品，这种选品方法是免费的，但需要时间和数据分析技术。

运营者也可以使用一些运营辅助工具（这些工具定期下载跨境电商运营平台的前台数据，并简单地进行分析），借助运营辅助工具对跨境电商运营平台前台数据的分析进行精细化选品，这种选品方法可以节约时间，但需要付费。

1. 运营辅助工具介绍

当前，中国跨境电商市场有很多跨境电商运营平台的运营辅助工具，这些运营辅助工具一般都是收费的，常见的有卖家精灵、超级店长、米库、卖家网、海鹰数据、紫鸟数据魔方、Merchant Words、Unicorn Smasher、Google

Trends、Pinterest Trends、Jungle Scout、AmazonOwl、Keeper 等。通过这些运营辅助工具,跨境电商运营者可以更好地进行跨境电商运营。

本任务以卖家精灵为例,讲解通过运营辅助工具进行选品。

卖家精灵(官方网站为 www. sellersprite.com)是安装在浏览器里的小程序,辅助运营者在亚马逊的搜索结果页、产品详情页、榜单页等地方进行选品、市场分析、关键词优化、竞品调研和利润分析等操作,支持运营者对多个亚马逊站点的数据查询。

2. 运营市场分析

运用卖家精灵等第三方工具进行市场分析是跨境电商选品的基础。亚马逊平台的每个细分类目节点都对应一个细分市场,卖家精灵通过前台数据抓取,整合了亚马逊所有细分类目的数据,将数万类目纳为选品目标,利用数十个数据维度来排列、对比类目数据,寻找或验证亚马逊平台适合运营的类目市场,从而为产品选择打下基础。

运用卖家精灵进行市场分析的操作如下。

登录卖家精灵后,打开"选市场"工具,进行查询设置,如图2-2。第一,设置查询站点,可以选择美国站、日本站等9个站点;第二,设置查询月份,可以选择近两年内的任意一个月份,图中设置的查询月份为2022年10月;第三,设置新品定义,软件默认半年内上架的产品为新品;第四,Listing(详情页)样本数量,软件以热销排行榜前100名的产品为分析样本;第五,设置"头部Listing数量",软件默认热销排行榜前10名的产品为领先产品;第六,选择类目,即选择具体要分析的产品市场。

图2-2 选市场的查询设置

(1)市场盈利分析

以手机及配件(Cell Phones & Accessories)为例,对这个一级类目进行查询,卖家精灵的选市场工具就会反馈82个细分市场的数据(如图2-3),该软件以这82个细分市场的热销排行榜前100名的产品为样本,分析得出市场报告。用户可以根据月总销量、月均销量、月均销售额、商品集中度、品牌集中度、新品数量、新品月均销量等指标对这82个细分市场进行排序。

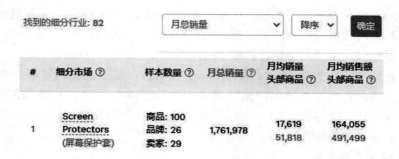

#	细分市场 ②	样本数量 ②	月总销量 ②	月均销量 头部商品 ②	月均销售额 头部商品 ②
1	Screen Protectors (屏幕保护套)	商品: 100 品牌: 26 卖家: 29	1,761,978	17,619 51,818	164,055 491,499

图 2-3　手机及配件的部分搜索结果

在手机及配件的 82 个细分市场中，以销量最高的屏幕保护套行业进行市场分析，以确定该行业是否适合选品。

①销售额分析

手机及配件行业 TOP100 产品在查询区间（即 2022 年 10 月）的月均销售额为 164055 美元，TOP10 头部产品的月均销售额为 491499 美元。

②利润率分析

目标行业的市场盈利是否符合卖家预期，是选品首要的考虑因素。如果目标行业的市场空间过小，或者利润率过低，可能就不适合新手卖家进入。

卖家精灵提供的手机及配件搜索结果的第一条记录下方，可以看到屏幕保护套的大致数据，如图 2-4 所示，2022 年 10 月的平均毛利率为 55.73%，行业利润率较可观。

完整市场路径: Cell Phones & Accessories › Accessories › Maintenance, Upkeep & Repairs › Screen Protectors 🖺 市场分析
市场路径(中文): 手机、辅料、维护、保养、屏幕保护套
A+商品占比: 88%　新品平均分数: 3,695　新品平均价格: $ 10.73　新品平均星级: 4.4　新品月均销量: 23,111　新品月均销售额: $248,935
平均重量: 0.15 pounds (68 g)　平均体积: 15.85 in² (260 cm³)　平均毛利率: 55.37%　卖家所属地: 中国(59.0%)　搜索购买比: 5.9%

图 2-4　屏幕保护套的市场盈利分析

③利润分析

根据图 2-4，卖家精灵显示屏幕保护套行业的平均毛利率为 55.37%，根据图 2-3 的销售额，可计算得出该行业 TOP100 每个产品每月的毛利润约为 164055×55.37%≈90837 美元，TOP10 每个产品每月的毛利润约为 491499×55.37%≈272143 美元。

④行业需求趋势分析

卖家精灵提供了屏幕保护套行业前 5 名的产品核心流量词的搜索量数据，如图 2-5。首先，iPhone 系列手机的保护膜是该行业的主要产品，而且该行业的产品需求呈现明显的周期性：2021 年 9 月，iPhone 13 上市，出现产品搜索量；2022 年 9 月，iPhone 14 上市，出现产品搜索量。其次，行业爆款产品

的搜索量在 100 万 ~150 万次之间，说明市场需求巨大。

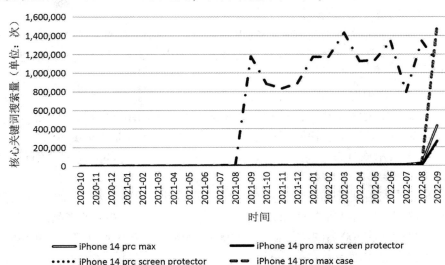

图 2-5　屏幕保护套行业需求趋势

⑤行业销售趋势分析

卖家精灵提供了屏幕保护套行业近 2 年的月销售量和月销售额数据，如图 2-6。屏幕保护套行业的销售整体呈现上升趋势，但是没有明显的季节性；该行业的月销售额大致在 1000 万 ~2000 万美元之间。

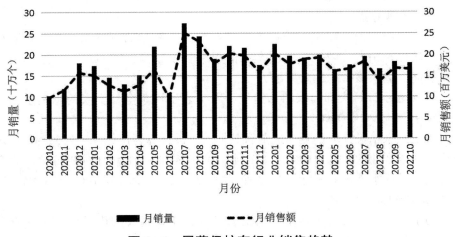

图 2-6　屏幕保护套行业销售趋势

综合以上分析，屏幕保护套行业是典型的高需求、高销售额、高利润行业，而且销量平稳，没有明显的季节性，属于"红海"市场。

（2）市场竞争度分析

市场竞争度分析是选择市场的重要步骤，该指标反映了进入一个市场的难度，如果市场竞争过于激烈或者市场高度集中，都不适合新手卖家进入该市场。

①商品集中度

商品集中度为头部商品销量占榜单全部商品销量的百分比，头部商品在整个市场中占比越大，说明市场竞争度越大，进入该行业的难度越大。

用 A 表示该月头部商品的总销量，用 T 表示榜单全部商品的总销量，即商品集中度＝A/T×100%。

根据卖家精灵抓取的亚马逊前台数据，可以计算得出结果。2022 年 10 月屏幕保护膜产业的商品集中度＝2022 年 10 月热销排行榜前 10 名的产品总销量/该月热销排行榜前 100 名的产品总销量×100%＝518180/1761900×100%≈29.5%。

②品牌集中度

品牌集中度为头部品牌销量占榜单全部品牌销量的百分比，头部品牌在整个市场份额中占比越大，说明品牌的集中程度越高，或用户对品牌的关注程度越高，进入该行业的难度越大。

根据卖家精灵抓取的亚马逊前台数据，可以计算得出结果。2022 年 10 月屏幕保护膜产业的品牌集中度＝2022 年 10 月热销排行榜中品牌前 10 名的产品总销量/该月热销排行榜中 26 个品牌的产品总销量×100%＝1513472/1761900×100%≈85.9%。

③卖家集中度

卖家集中度为头部卖家销量占榜单全部卖家销量的百分比，头部卖家在整个市场份额中占比越大，说明卖家的集中程度越高，或用户对卖家的关注程度越高，进入该行业的难度越大。

用 A 表示该月头部卖家的总销量，用 T 表示榜单全部卖家的总销量，即卖家集中度＝A/T×100%。

根据卖家精灵抓取的亚马逊前台数据，可以计算得出结果。2022 年 10 月屏幕保护膜产业的卖家集中度＝2022 年 10 月热销排行榜中前 10 名卖家的产品总销量/该月热销排行榜中 29 个卖家的产品总销量×100%＝1494091/1761900×100%≈84.8%。

为了了解头部卖家更详细的情况，可以在卖家精灵的市场分析页面查看所有头部卖家的市场份额，如图 2-7 所示。

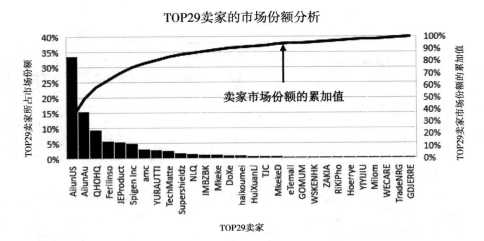

**图 2-7　屏幕保护套行业 TOP29 产品的卖家
市场份额（2022 年 10 月）**

④行业发展对比

通过对某行业过去和现在的市场进行比较分析，可以了解该行业的发展趋势。利用 2020 年 10 月卖家精灵搜索屏幕保护套行业数据并进行市场分析，结果如图 2-8。

图 2-8　屏幕保护套行业查询结果（2020 年 10 月）

表 2-1 显示了 2020 年 10 月和 2022 年 10 月的行业数据，屏幕保护套行业的销售形势越来越好，但是行业集中程度越来越高。

表 2-1　屏幕保护套行业发展对比表

时间	品牌数量（个）	卖家数量（个）	TOP100 商品		TOP10 商品（头部商品）	
			月均销量（个）	月均销售额（美元）	月均销量（个）	月均销售额（美元）
2020 年 10 月	40	48	10276	97542	36757	261953
2022 年 10 月	26	29	17619	164055	51818	491499

⑤行业分析总结

《中华人民共和国反垄断法》第二十四条规定了经营者具有市场支配地位和情形："有下列情形之一的，可以推定经营者具有市场支配地位：（一）一个经营者在相关市场的市场份额达到二分之一的；（二）两个经营者在相关市场的市场份额合计达到三分之二的；（三）三个经营者在相关市场的市场份额合计达到四分之三的。"

虽然《中华人民共和国反垄断法》是以 50%作为界限，但事实上，如果一家企业在市场上占据了 35%的份额，这个企业就有能力支配市场。具体在跨境电商运营中，头部企业占据多大比例的市场份额是适合进入市场的，需要运营者根据经验和市场形势进行判断。

根据上文计算，可以得出以下结论。

2022 年 10 月，屏幕保护套行业的商品集中度为 29.5%，初步判断已有商品对市场的支配性不强，新商品有一定的进入空间。

该行业中，品牌集中度为 85.9%，初步判断已有品牌对市场的支配性很强，新品牌进入的空间不大，如果卖家要进入这个市场，可以考虑运营已有品牌。

该行业中，卖家集中度为 84.8%，排名榜首的卖家市场份额接近 35%，前 3 位卖家的市场份额近 60%，初步判断已有卖家对市场的支配性很强，新卖家进入的空间不大；销量排名 16~29 名的卖家市场份额均在 1%以下，生存空间狭小。

从 2020 年 10 月到 2022 年 10 月，该行业 TOP100 产品中的品牌数量由 40个减少至 26 个，卖家数量由 48 个减少至 29 个。说明该行业的集中程度在不断上升，新手卖家打造 TOP100 产品的难度越来越大。

综合以上分析，如果新卖家没有很强的实力和竞争性的资源，不建议进入屏幕保护套行业。

3. 选择运营市场

通过以上分析，发现"手机及配件"下的细分市场（屏幕保护套行业）

跨境电商产品体系建设与运营

不适合新手卖家，那如何才能筛选出适合自己的目标市场呢？

卖家精灵的选市场工具提供了行业筛选功能，该软件抓取了几年来亚马逊平台各个行业的产品数据，形成了一个数据库。卖家可以通过市场需求、市场竞争、市场波动三个维度 20 多个指标对数据库进行综合筛选，筛选出符合要求的目标市场。

卖家精灵所提供的 20 多个筛选指标如图 2-9 所示，每个筛选指标都对应一个选择思路，根据指标进行排序，便于更好地发现市场。

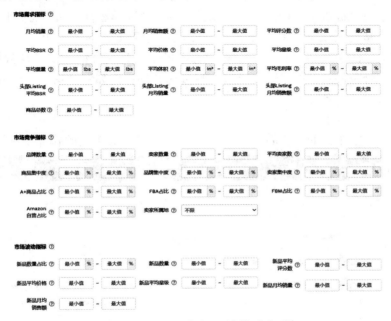

图 2-9　设置选市场的筛选条件

上文已经重点分析了搜索量、月销售量、月销售额、月均销售额、商品集中度、品牌集中度和卖家集中度等指标，接下来，再简单介绍一下其他的筛选指标。

市场需求指标：月均销售额和平均价格反映了市场平均销售规模和平均价格水平；商品数量多，意味着市场比较活跃，进入成功率比较高；对比月均销量和头部 Listing 月均销量，可以看出头部产品与其他产品的差距。

市场竞争指标：A+页面反映了商品的展示质量，A+商品占比越高，说明该行业内 Listing 打造水平越高；品牌和卖家数量反映了市场的竞争程度，一般来说，品牌和卖家数量大于 30 个，中小卖家才有机会。

市场波动指标：新品数量占比高的市场，意味着市场比较活跃，进入成功率比较高；新品平均评分数越多，表明推出新品的门槛越高，进入难度越大；新品平均星级高，也意味着经营门槛高，同时表明市场满意度高，售后和退换货成本低。

此外，识别市场的机会、风险和生命周期也很重要。市场内产品的上架时间越早，说明市场的生命周期越长，如果上架新品和老品的销量都很多，说明市场可以短期进入，也可以长期存活。

4. 选择运营产品

卖家精灵提供了选产品工具，以其为例讲解选择运营产品的思路和方法。

卖家精灵抓取了亚马逊平台近几年的产品数据，形成一个产品数据库。该软件提供的选产品工具，其本质和选市场工具是一样的，都是从数据库中筛选出符合条件的数据；可以通过填写过滤条件，例如，月销量、评分数等，从中筛选出符合条件的产品。

（1）筛选步骤

打开卖家精灵的选产品工具，如图 2-10，选产品工具的筛选步骤如下。

图 2-10 选产品工具的筛选步骤

第一，选择亚马逊的站点，软件默认美国站；

第二，设置查询月份，软件默认最近 30 天；

第三，设置查询类目，可以选择之前在"选市场"环节筛选出的合适类目；

第四，根据筛选指标设置筛选模式，通过设置筛选条件，可以对产品的需求、利润、成本、竞争度、生命周期等进行多维度的限定；

第五，点击"发现产品"，即可筛选出符合条件的产品。

（2）筛选指标

卖家精灵提供的筛选指标很多，可以根据需要进行设置，比较重要的筛选指标如下。

月总销量，反映了市场容量，运营者可以根据销售目标设置月销量的筛选区间。月总销量超过 10 万，意味着市场容量大，竞争也大，综合实力强的卖家可以选择月销量高的商品，打造爆款商品。

月销量增长率，反映了产品的发展趋势，设置月销量增长率可以用来寻找潜力商品。

大类 BSR，指该产品所在大类的亚马逊畅销榜排名，大类 BSR 在 500 ~ 5000 之间是中小卖家比较理想的参考值。

小类 BSR，指该产品所在小类目的亚马逊畅销榜排名。

BSR 增长数，代表该产品在近 7 天内的排名上升数值，BSR 增长数越大，表示越有市场潜力，但是要注意该产品是否属于季节性产品。

评分数，是买家对该产品的评价总数量，反映累计销量，如果累计评分数量多，说明总销量不错。结合上架时间，中小卖家可以筛选出上架时间短而且评分数较多的潜力产品。

评分值，是买家对该产品的所有评分的平均值，评分值高说明消费者对产品的满意度高，结合月销量，中小卖家可以筛选出销量不错并且还有改进空间的产品（例如，评分值 3.7 以下），或者筛选售后或退换货很少的产品（例如，评分值 4.2 以上）。

LQS，即 Listing Quality Score，指产品质量的得分，软件从商品图片、商品描述及评价三个维度对商品进行质量分析得出分数。LQS 得分越高，产品质量越好，中小卖家可以结合月销量，筛选出一些高需求、低竞争的潜力产品，也就是销量较高但 LQS 较低的产品。

配送方式，反映了产品的经营模式，一般来说，FBA（Fulfilled By Amazon，亚马逊海外仓发货）的产品适合大卖家打造爆款；FBM（卖家自发货）有不压货的优势，其产品适合中小卖家进行小规模销售；AMZ（Amazon 自营）产品不适合第三方运营。

上架日期默认抓取某产品的上架时间，如果卖家没有开放上架日期，则抓取该产品下第一个评论的发表时间；一般来说，中小卖家可以筛选市场处于成长期的产品，即选择上架时间在最近 6 个月或 1 年的产品，其风险较小并且有爆款潜质。

（3）筛选模式

卖家精灵的选产品工具提供了几种筛选模式（如图 2-11），每种筛选模式都能一键设置筛选指标。具体筛选模式如下。

图 2-11　选产品工具的筛选模式和筛选指标

销量飙升榜选品模式，可以将月销量指标设置为大于 300，月销量增长率设置为大于 10%。

潜力市场模式，可以将月销量指标设置为小于 600，月销量增长率设置为大于 10%，上架日期设置为近半年。

轻小商品计划模式，可以设置价格指标小于 7 美元，商品重量小于 10oz（盎司），商品尺寸为轻小商品尺寸。

未被满足的市场模式，即销量不错，但评分较差，有改进空间的市场。该模式下，可以设置月销量指标大于 300，评分值指标小于 3.7，上架日期近半年。

不压库存的市场模式，即销量不错，且以卖家自发货为主。该模式下，可以将月销量指标设置为大于 300，配送方式设置为 FBM，上架日期设置为近半年。

投机市场模式，指某个类目下有很多跟卖的运营者。该模式下，可以设置月销量指标大于 600，卖家数量大于 3，上架日期近半年。

高需求低要求市场模式，可以设置月销量指标大于 300，评分数小于 50，上架日期近半年。

全品类铺货模式，指 BSR 排名增长较快，且最近 3 个月才上架的产品。该模式下，可以设置 BSR 增长率大于 100%，评分数小于 10，上架时间近 3 个月。

精品铺货模式，该模式下，可以设置 BSR 增长率大于 100%，上架时间近 3 个月。

5. 总结

在筛选市场、产品的过程中，较多地使用了卖家精灵等辅助运营工具，但是这些辅助运营工具的本质只是利用爬虫程序抓取前台数据，抓取数据后关键的分析和判断环节还需要卖家亲自操作。经过不断练习，并熟练掌握了市场筛选和产品筛选的思路和方法以后，可以使用多种运营辅助工具对不同运营平台进行反复的筛选，找出最佳的运营市场和运营产品。

五、实训任务

在 2022 年 12 月 8 日到 2023 年 1 月 8 日的区间内，卖家精灵对亚马逊电子产品行业统计的部分记录如表 2-2 所示，请根据本任务所学知识，选出相对合理的产品进行运营，并说出选择依据。

表2-2 亚马逊电子产品行业的部分记录

细分市场	Listing 样本数（TOP100）								Listing（TOP10）			新品（半年内上架）	所有 Listing（半年内）		
	样本数量（个）	月均销量（个）	月均销售额（美元）	平均评分数（个）	平均星级	卖家类型	商品总数（个）	平均毛利率	卖家所属地	月均销量（个）	月均销售额（美元）	新品数量（个）	月均销量（个）	退货率	搜索购买比
Earbud Headphones	品牌:52 卖家:47	25037	1882036	25106	4.4	FBA:63% AMZ:27% FBM:2%	14176	78.54%	美国 53.0%	54226	4624802	22	25894	4.00%	2.60%
Inkjet Ink Cartridges	品牌:12 卖家:17	9550	361418	14408	4.6	FBA:16% AMZ:71% FBM:8%	16582	72.02%	美国 84.0%	25113	718087	7	5999	N/A	N/A
Lightning Cables	品牌:64 卖家:64	6148	78457	14371	4.5	FBA:82% AMZ:14% FBM:0%	4621	60.69%	中国 80.0%	12367	139627	12	7288	2.00%	5.36%
Remote Controls	品牌:54 卖家:62	5783	77446	8161	4.4	FBA:88% AMZ:5% FBM:5%	29036	55.02%	中国 61.0%	18919	249960	7	5281	4.00%	3.37%
Electronic Pets	品牌:66 卖家:58	4859	128247	2433	4.4	FBA:61% AMZ:27% FBM:5%	1210	57.38%	美国 61.0%	22230	549570	10	1949	3.87%	0.74%
Binoculars	品牌:55 卖家:41	4698	700822	2380	4.5	FBA:48% AMZ:28% FBM:11%	47949	79.06%	美国 59.0%	15452	1474209	5	1849	N/A	N/A

续表1

细分市场	样本数量（个）	Listing 样本数（TOP100）								Listing（TOP10）		新品（半年内上架）		所有 Listing（半年内）		
		月均销量（个）	月均销售额（美元）	平均评分数（个）	平均星级	卖家类型	商品总数（个）	平均毛利率	卖家所属地	月均销量（个）	月均销售额（美元）	新品数量（个）	月均销量（个）	退货率	搜索购买比
USB Cables	品牌:53 卖家:43	4643	49492	20307	4.6	FBA:82% AMZ:14% FBM:1%	74930	54.48%	中国 72.0%	10700	99361	3	3600	4.00%	5.79%
Over-Ear Headphones	品牌:53 卖家:43	4101	288765	12211	4.4	FBA:64% AMZ:16% FBM:2%	4481	74.68%	美国 48.0%	13129	1271519	4	2776	6.00%	2.49%
Micro SD Cards	品牌:34 卖家:39	3674	93997	27005	4.6	FBA:70% AMZ:19% FBM:5%	16369	72.10%	美国 69.0%	9898	182115	7	2818	N/A	N/A
Item Finders	品牌:59 卖家:58	3653	130691	3447	4.4	FBA:84% AMZ:9% FBM:4%	952	71.03%	中国 53.0%	23950	969980	10	829	N/A	N/A
Chargers & Adapters	品牌:71 卖家:74	3575	87718	1925	4.5	FBA:95% AMZ:0% FBM:4%	83858	67.56%	中国 76.0%	15327	470337	2	2966	5.00%	3.92%
Smartwatches	品牌:58 卖家:56	3480	427465	4951	4.3	FBA:65% AMZ:18% FBM:9%	3753	83.71%	中国 55.0%	12402	2028581	30	3102	5.00%	2.66%

续表2

细分市场	Listing 样本数（TOP100）								Listing（TOP10）		新品（半年内上架）		所有 Listing（半年内）		
	样本数量（个）	月均销量（个）	月均销售额（美元）	平均评分数（个）	平均星级	卖家类型	商品总数（个）	平均毛利率	卖家所属地	月均销量（个）	月均销售额（美元）	新品数量（个）	月均销量（个）	退货率	搜索购买比
Walkie Talkies	品牌:52 卖家:51	3287	97770	2050	4.4	FBA:88% AMZ:1% FBM:2%	363	66.30%	中国 75.0%	17423	484691	7	1752	5.84%	1.91%
Personal Video Players & Accessories	品牌:70 卖家:54	3265	108703	1196	4.4	FBA:87% AMZ:2% FBM:0%	473	70.78%	中国 90.0%	15041	530556	23	1901	6.80%	1.88%
Backpacks	品牌:63 卖家:63	2993	114407	6951	4.6	FBA:84% AMZ:7% FBM:5%	79446	66.78%	中国 74.0%	8947	252675	4	1540	7.00%	0.86%
LED & LCDTVs	品牌:17 卖家:13	2934	661191	3150	4.3	FBA:8% AMZ:13% FBM:42%	942	79.14%	美国 91.0%	9712	1669345	26	2219	4.34%	0.81%
SD Cards	商品:69 品牌:29 卖家:33	4214	116290	11312	4.6	FBA:54% AMZ:29% FBM:13%	25066	75.22%	美国 69.6%	22746	451969	10	3349	N/A	N/A
Monitors	品牌:32 卖家:29	2863	494830	4510	4.5	FBA:40% AMZ:47% FBM:10%	22679	81.86%	美国 80.0%	8919	1101669	5	2450	5.00%	1.03%

任务二
跨境电商产品管理

完成选品操作后，接下来就是收集选好的产品信息，然后上架产品，产品完成上架操作并经过平台审核后，卖家就可以销售产品了。

一、上架产品

上架产品是产品运营的基本操作，下面以亚马逊平台为例，介绍产品上架的操作，其他平台的操作大同小异。

（一）进入卖家后台，点击屏幕左上角"Inventory"（库存）下面的"Add a Product"（添加产品），如图 2-12。

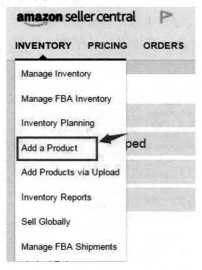

图 2-12　添加产品

（二）在"Add a Product"（添加产品）页面点击"Create a new product listing"（添加一个新的产品页面），如图 2-13。

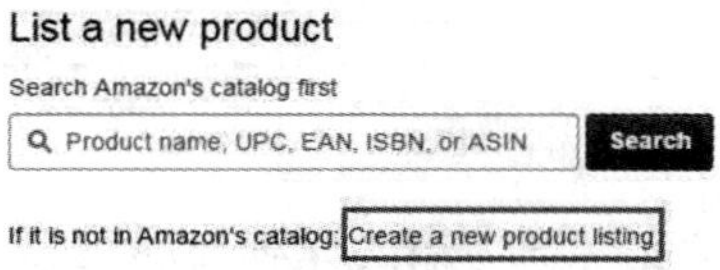

List a new product

Search Amazon's catalog first

Q Product name, UPC, EAN, ISBN, or ASIN　Search

If it is not in Amazon's catalog: Create a new product listing

图 2-13　添加新的产品页面

（三）在列表中选择商品详细品类，在搜索框里输入关键字可以搜索品类，点击"Select"（选择）确认品类，如图 2-14。

图 2-14　选择品类

如果没有看到此产品的品类，可能是因为该品类的销售需要审核或受限，可以点击"Learn more"（了解更多）获取更多信息。

（四）接下来输入详细的商品信息（详见图 2-15），完成"Listing"（页面）的编辑。

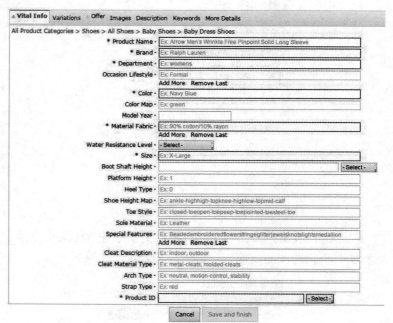

图 2-15　输入详细商品信息

图 2-15 中，有红色星号标记的为必填项，提供所有必填的商品信息非常

重要，其中包括：规范的商品名称、纯白背景的高质量图片、详细的商品介绍和重要属性。如果没有提供必要的商品数据，可能导致上传的商品收到质量警告，或被禁售。

确认所有标识为红星的信息都填好以后，屏幕下方的"Save and finish"（保存并完成）按钮会由灰色变成橘黄色，点击该按钮创建商品。

在首次创建商品的过程中，图片不会马上进行上传，要等商品信息都输入完毕，点击"Save and finish"按钮的时候图片才会上传。

（五）保存后大约30分钟之后，商品信息会保存到后台账号。

（六）平台审核。

平台审核产品的一般要求包括：

1. 符合亚马逊产品分类及相关条款；

2. 产品符合平台规则；

3. 下架产品不要立刻重新刊登出售，等亚马逊解除警报再上架；

4. 产品标题、图片、定价符合平台标准；

5. 产品在保质期内。

审核时间：常规的商品审核时间可能只需要几个小时，复杂的商品或新发布的商品，可能需要2~3天；在节假日期间提交的商品，审核时间也会相应延长。

审核通过后，商品信息会展示到亚马逊前台和管理库存页面上，在"Manage Inventory"（管理库存）页面出现该商品。

二、产品优化

跨境电商的产品需要不断地进行优化，精益求精、臻于至善。以下主要从产品页面和关键词设置两个方面来讲述产品优化。

（一）页面优化

产品上架后，需要对产品信息进行优化。好的产品页面，不仅能提高产品曝光率，还能提高产品转换率。

本任务以卖家精灵为例，介绍页面优化的方法。

打开亚马逊的产品页面，卖家精灵会自动对产品的页面质量进行评分。在亚马逊的搜索引擎中输入"dress"，得到约400页的搜索结果（每页展示60件产品），其中页面评分为6.6和9.9的两款产品分别如图2-16和图2-17所示。

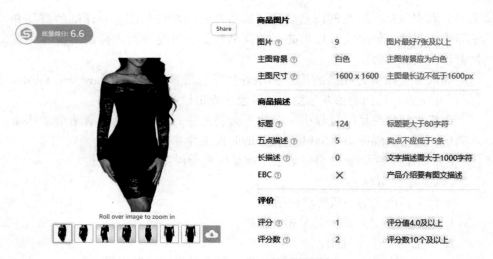

图 2-16　卖家精灵评分 6.6 的亚马逊产品页面

图 2-17　卖家精灵评分 9.9 的亚马逊产品页面

具体产品页面优化内容如下。

1. 产品图片

跟文字比起来，图片更容易吸引消费者。而亚马逊本质是一个网上购物平台，所以产品图片在页面中也占有很重要的地位，可以说一个产品图片的好坏直接影响着产品转化率的高低。

那么要怎么优化产品图片？

第一，图片必须为纯白背景，像素要求 1000×1000 以上，产品需占据图片 85% 以上空白处，可以让消费者看到产品细节。

第二，主图只能有主要产品，不能有周边、包装或其他附属产品图片。

第三，每张图片都要清晰、明亮、色彩真实，不能有任何的文字叙述或是浮水印，高清的图片更容易让消费者信任产品。

第四，图片必须是出售的产品，不能有额外文本、图形或插入图片。

第五，多维度地展示产品，可以从主图、场景图、功能图、细节图、尺寸图、配件图等方面展示，让消费者更好地了解产品。卖家精灵建议产品页面的图片最好 7 张及以上，图片数量更多，产品综合评分更高。

第六，如果产品有不同的颜色，可以添加图片让消费者更好地了解产品的颜色，不要让消费者自己想象。

第七，亚马逊的图片文件格式一般建议选择 JPEG。

图 2-16 和图 2-17 中，卖家精灵建议主图最长边不低于 1600px，6.6 分产品主图的像素符合要求，9.9 分产品主图的像素低于要求；两款产品的主图背景都是纯白色，都符合要求。

2. 产品标题

标题是产品页面最重要的要素，一个好的标题不仅能被消费者搜索到，还能提高转化率。

如何优化产品标题？

第一，标题尽量填满，亚马逊平台上大部分的产品标题都可以输入 200 个左右的字符（某些类目要求标题不超过 80 个字符），标题要尽量写多，让亚马逊搜索引擎抓取尽量多的关键词，增加曝光概率；同时，标题还要兼顾消费者的体验，要具有可读性。

第二，标题的关键词在搜索中的权重是最高的，所以要在标题中插入主要关键词，但不能盲目地堆砌关键词，也不要赘述同义词或特性词。

第三，首字母大写，不要全部大写英文字母，英语数字用阿拉伯数字代替，不可出现推销语和拼写错误。

第四，少带或不带标点，也不能使用特殊符号或 html 标签，可以用空格代替。

第五，因为产品在电脑端和移动端显示的标题长短不同，所以尽量在前 7 个词表达清楚产品的主要关键词、核心卖点和功能。

图 2-16 中，卖家精灵建议产品标题多于 80 个字符，6.6 分产品的标题更长，更符合要求。

3. 五点描述

五点描述对于产品页面的权重仅次于标题，可以从产品尺寸、功能、产品特点以及优势、用途等方面进行描述，尽可能体现产品的卖点，或给消费者带来的好处等，让消费者进一步了解产品的功能与特色。

具体如何优化五点描述？

第一，简洁明了地描述产品的核心特点与优势，让消费者快速地了解产品最核心的特点和优势。

第二，编写五点描述时，可以先列小标题，再展开描述；可以大写重点的词；要尽可能通俗化、直观化地呈现出产品的特性。

第三，尽可能地将主要关键词写入五点描述，每条描述的长度建议以两行半或三行半的长度为佳。

第四，根据消费者的阅读习惯，应该按照递减的顺序安排五个描述，而且在手机端一般只显示前三个描述，所以要把最重要的卖点放在第一个，其他的卖点依次排列。

图 2-17 中，9.9 分产品的五点描述有 8 条，更详细，更符合要求，所以产品的质量评分高。

4. 产品详细描述

产品详细描述即长描述，是对前面五点描述的延伸和补充，而产品详细描述最多可允许 2000 个字符，所以要运用技巧来吸引消费者。

如何优化产品详细描述？

第一，穿插主要关键词，因为亚马逊的搜索不局限于标题，页面里的很多模块都占有对应的搜索权重，值得注意的是，不能盲目堆砌，要巧妙地融入描述之中。

第二，产品详细描述的文字信息要有可读性，用目录、粗体字和空行，使得描述页面看起来美观大气，同时产品描述的内容最佳长度为 20 行左右，不要出现语法或拼写错误。

第三，产品详细描述可以偏向于产品的功能和消费者将获得的好处，让消费者明白产品可以提高他们的生活质量，让消费者相信你的产品就是他们需要的，并促使他们下单。

第四，还需要了解行业竞争对手的页面，让产品详细描述与竞争对手不一样，让消费者明白区别。

第五，产品详细描述建议从消费者的角度出发，思考消费者的关注点，设身处地地将产品信息描述给消费者。

图 2-16 和图 2-17 中，9.9 分的产品有 1000+的产品详细描述，符合卖家精灵的要求；6.6 分的产品没有产品详细描述，所以产品的质量评分低。

5. 图文版品牌描述

亚马逊的图文版品牌描述，即 EBC（Enhanced Brand Content），也被称为

A+ Content（最初，EBC 功能只面向亚马逊第三方卖家，A+内容面向供应商卖家，也就是第一方卖家，现在，EBC 和 A+内容指代的是同一个内容），亚马逊平台的优秀店铺都有此按钮，并不是只针对品牌卖家。

亚马逊 EBC 可以让卖家通过优化文字排版，添加优质图片、视频或分享品牌故事，让顾客深入了解产品，建立品牌意识，提高转化率与销量；EBC还可以免费为产品引流，卖家在 EBC 中设置文本关键词和热点图片，当买家搜索到匹配的关键词或图片时，就带来了流量。

亚马逊官方声称，在产品详情页面添加 EBC 会吸引更多顾客浏览，带来更高转化率，将卖家的销量平均提升 5.6%，有 EBC 且用得好的产品会在竞争中脱颖而出。

图 2-16 和图 2-17 中，9.9 分的产品有 EBC，符合卖家精灵的要求；6.6分的产品没有 EBC，所以产品的质量评分低。

6. 产品评论

好评是对产品的肯定，差评则是对产品的否定，消费者评分的高低会直接影响转化率；同时，评论的数量表明了产品的畅销程度，也是决定消费者是否购买的重要因素。

如何优化产品评论？

第一，全阶段跟进消费者，花费一定的时间和精力与消费者培养感情，与消费者成为朋友后，再与消费者沟通订单相关问题或邀请留评就很简单了。

第二，最简单获得更多产品评论的方法就是发送邮件主动索取，还可以用邮箱催评工具来获取消费者的评论。

第三，增加店铺和产品在消费者心中的存在感。定期在社交媒体上与消费者互动，让他们了解反馈和评论对店铺和产品很重要。

图 2-16 和图 2-17 中，9.9 分的产品有 6745 个评分，且平均评分高达4.3；6.6 分的产品仅有 2 个评分，且平均评分为 1。两个产品的评分质量和数量存在巨大差异，这也是两个产品的页面评分存在差距的根本原因。

（二）关键词设置

关键词设置一般指后台关键词设置，是平台卖家在账户后台设置产品信息时的一个栏目。后台关键词对应跨境电商运营平台的搜索引擎，是为了尽可能提高产品的"可搜索性"而预备的，因为后台关键词不会在亚马逊前台展示，消费者看不到，所以后台关键词只需要具有可搜索性，不需要具有可读性。

亚马逊账户的关键词设置栏目如图 2-18，运营者可以点击"Add More"和"Remove Last"增加或者删减关键词。

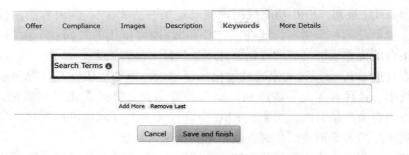

图2-18　亚马逊账户的关键词设置栏

1. 关键词设置要注意运营平台的规则

关键词设置要注意运营平台的规则，例如，亚马逊平台要求搜索词的长度短于250个字节，超过部分会被系统自动屏蔽。

亚马逊官方针对后台关键词设置给出了一些提示。

（1）需要保持在长度限制内。

（2）可以包含同义词。

（3）可以包含拼写变体，但不能包含拼写错误。

（4）可以包含缩写和别名。

（5）可以全部使用小写形式。

（6）请勿使用标点符号，例如,；:-。

（7）可以用空格分隔各个词语。

（8）请勿在"搜索词"字段中重复词语。

（9）请勿在搜索词中包含其他品牌的名称。

（10）请勿在搜索词中包含ASIN（亚马逊标准识别号）。

（11）请勿使用各种连接词。

（12）可以使用单数或复数，不需要同时使用单复数。

（13）请勿使用临时性陈述，例如，"新品"或"促销"。

（14）请勿使用主观性表达，例如，"最佳""最低价""不可思议"等。

（15）请勿添加侮辱性或攻击性的词语。

2. 关键词设置需要避免的词汇

除了亚马逊平台的提示以外，在设置后台关键词时，要注意不要包含以下类型的词汇。

（1）虚词

设置后台关键词需要避免使用虚词，例如a, also, an, and, any, are, as, at, be, because, been, but, by, for, from, in, into, is, of, on, or, so，some，such，the，was，were 等。

（2）临时性的词

设置后台关键词需要避免使用临时性的词，例如 available now，brand new，current，just launched，last chance，last minute，latest，limited time，new，on sale，this week（month，year，etc.），today 等。

（3）主观性的词

设置后台关键词需要避免使用主观性的词，例如 amazing，best，cheap，cheapest，effective，fastest，good deal，least，most popular，trending 等。

3. 关键词设置的一般原则

由于后台关键词不会出现在亚马逊前台展示给消费者，所以不用考虑它的可读性，只需要不停地罗列潜在的消费者搜索词。

关键词设置的一般原则如下。

（1）后台关键词不要与标题、五点描述、产品描述的词重复

一些搜索词已经在标题、五点描述或者产品描述中出现过了，它们完全没有必要再出现在后台关键词中，在亚马逊的算法体系中，重复并不能够起到加强的作用。而且亚马逊的后台关键词有长度限制，在长度极其有限的情况下，重复罗列前台已经出现过的搜索词完全就是在浪费宝贵的资源。因此，卖家在向后台关键词中添加搜索词时，可以尽量避开已经在前台出现过的词，重点设置在前台没有出现过的搜索词。

（2）在有条件的情况下，可以优先考虑有逻辑的语序

什么是有逻辑的语序呢？例如，搜索词"Teddy Bear（泰迪熊）"，相对于"Bear Teddy（熊泰迪）"来说，是有逻辑的语序。因为消费者在绝大多数情况下都会用"Teddy Bear"进行搜索，而不是"Bear Teddy"。

就搜索权重而言，有逻辑的语序比分散开来或者语序不对的情况要大一些。因此，如果一些词不以符合逻辑的语序展示，卖家在写后台关键词时，可以把这些词以最有逻辑的语序展示出来，就能够提高这个关键词的整体搜索权重。

（3）随时补充出单搜索词

在完成产品的上架推广后，如果新发现了出单搜索词，建议不要把这些新发现的出单词放到标题、五点描述、产品描述中。前台关键词一旦确定，就不要轻易编辑、改动，特别是在产品已经能够稳定出单的情况下，细微的改动就有可能使之前的关键词搜索权重受到影响，这样就得不偿失了。

针对这些新发现的关键词，建议把它们放到后台的关键词栏目，不要放在所有关键词的前面或者插到中间，而是直接加到最后，这样才不会对现有

的搜索权重造成影响。

（4）避免违规操作

有的卖家把竞争对手的品牌或者行业中的大牌名称放到后台关键词栏目中去，虽然这样可以增加产品的曝光，但严重违反亚马逊规定，一旦被查出来，可能会涉及侵权问题，所以，切忌此类操作，设置关键词要遵守平台规则。

4. 亚马逊平台的关键词设置

本任务以运用卖家精灵设置亚马逊平台关键词为例，介绍关键词设置的方法。

卖家精灵的关键词设置是一个强大的关键词工具，可以用来寻找相关关键词、长尾关键词，丰富关键词词库，批量查询关键词，在线筛选、整理定位有效关键词，优化产品页面和广告，快速分析词频，挖掘产品的使用场景，打造高质量的产品页面。

（1）关键词挖掘

在卖家精灵的挖掘关键词页面，输入一个关键词，就得到它所有的相关关键词

例如，针对图 2-16 中评分 6.6 的产品，选择搜索站点为"美国站"，设置搜索时间为"最近 30 天"，输入产品大类"dress"，点击"立即查询"进行搜索，得到 20000 个搜索结果，如图 2-19。

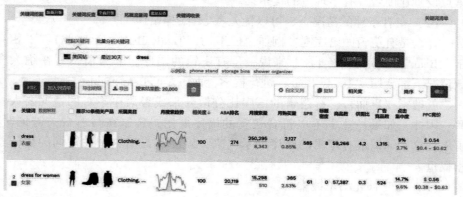

图 2-19 对"dress"进行关键词挖掘

这 20000 个关键词是从哪儿来的呢？当搜索"dress"时，卖家精灵会查询这个词在亚马逊搜索结果页面上排名前列的产品，这些词都是给这些排名前列的产品带来流量的关键词，它们都是与"dress"相关的流量词。

通过"挖掘关键词"工具来丰富关键词词库是设置关键词的基础。产品上架时，要尽可能多收集与产品相关的关键词，并建立关键词词库，以用于后期的页面优化和广告优化。

（2）关键词初步筛选

利用卖家精灵的挖掘关键词工具，得到了 20000 个关键词，但是这些关键词并不是全部都能用的，需要剔除掉不符合要求的关键词，留下符合要求的关键词。

使用卖家精灵搜索框下的相关度、ABA 排名和月搜索量这 3 个指标，可以剔除掉与产品相关度低、排名差以及流量很小的关键词，留下相关度、排名和流量都符合要求的关键词。

①相关度

"相关度"代表该关键词与查询关键词在亚马逊搜索结果第一页的自然排名中同款产品的百分比，相关度越高，表示该关键词与查询关键词所关联的同款产品的数量越多。相关度是一个相对值而不是绝对值，相关度最高为100，最低为 0.5。

②ABA 排名

ABA（Amazon Brand Analytics）排名是根据用户在亚马逊前台输入的搜索词，统计的月度搜索频率排名。ABA 排名反映了关键词搜索流量的相对值。

③月搜索量

月搜索量指的是一个自然月的关键词的绝对搜索量，每月月初更新上个月的数据。月搜索量反映了关键词搜索流量的绝对值。

例如，设置搜索条件为相关度大于 5、ABA 排名小于 200000、月搜索量大于 1000，点击"开始筛选"，得到 634 个相关度、排名和流量都符合筛选要求的搜索结果，如图 2-20 所示。

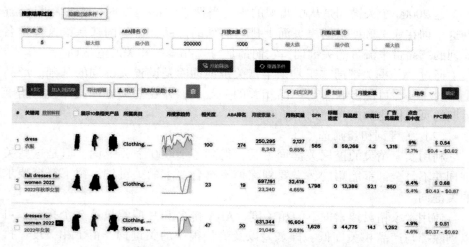

图 2-20　根据相关度、ABA 排名和月搜索量筛选关键词

（3）关键词进一步筛选

根据卖家精灵提供的筛选指标条件，可以初步筛选出符合要求的关键词，例如，图 2-20 中筛选得到的 634 个符合筛选指标的关键词并不是全部都能用，还需要通过人工筛选的方法，剔除不符合要求的关键词，留下符合要求的关键词。

例如，图 2-16 中评分 6.6 的产品为黑色蕾丝裙，图 2-20 中"white dress"这个关键词明显不符合，所以可以点击关键词前面的"×"剔除（详见图 2-21）。同理，还可以进一步剔除其他不符合要求的关键词。

图 2-21　剔除不符合要求的关键词

剔除不合适的关键词，剩下的就是合适的关键词，可以点击上图中的"加入清单"，将合适的关键词保存到关键词清单里。

（4）用挖掘关键词工具拓展长尾词

新产品上架时，考虑到长尾关键词良好的营销效果等，很多卖家都会用产品的核心词去拓展长尾关键词，然后通过长尾关键词去带动核心词的流量。

以图 2-16 中评分为 6.6 的产品为例，利用卖家精灵挖掘包含核心词的长尾关键词，输入一个核心关键词"black dress"，然后勾选词根匹配，点击立即查询，系统就会在词根词的前、中、后进行拓展，得到所有字面上包含"black dress"的长尾关键词，它类似于亚马逊广告中的词组匹配，但匹配范围更广，词序变动、单复数变化等都会被收录。如图 2-22，一共得到了 199 个搜索结果。

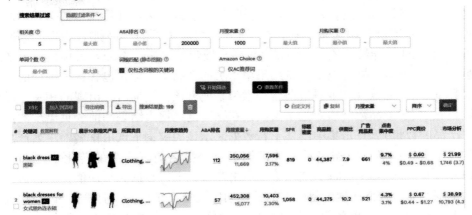

图 2-22　挖掘包含核心词的长尾关键词

同理，还可以对这 199 个长尾关键词进行人工筛选，剔除不符合要求的长尾关键词，留下符合要求的长尾关键词，并将合适的长尾关键词保存到关键词清单里。

（5）批量分析关键词

在收集完关键词，初步建立关键词词库后，还需要对词库进行分析，根据关键词的属性，把它们填入后台的关键词设置栏，或者埋入产品页面。

卖家精灵的批量分析关键词就可以实现批量分析关键词功能，它是一个强大的关键词调研工具，可以输入 1~200 个关键词，批量查询它们的数据，在线筛选、分析、整理这些关键词。以图 2-16 中评分为 6.6 的产品为例，把筛选整理后得到的 15 个关键词复制粘贴到批量分析栏，点击"立即查询"，即可进行分析，如图 2-23。

图 2-23　批量分析关键词

经过卖家精灵的分析，我们可以得到这 15 个关键词的详细分析数据，如图 2-24。分析数据包括：10 条相关产品、所属类目、月搜索趋势、ABA 排名、月搜索量（第二行数据表示日均搜索量）、月购买量（第二行数据表示购买率，即购买量与搜索量的比值）、SPR（卖家精灵的产品排名 Seller Sprite Product Rank，能够让该关键词排名维持在搜索结果第 1 页的 8 天预估订单数量）、标题密度（在亚马逊搜索结果第 1 页的产品中，标题包含该关键词的产品数量）、商品数（在亚马逊前台搜索引擎搜索该关键词后，出现的相关产品数量）、广告竞品数（表示近 7 天内，在该关键词搜索结果的前 3 页出现的广告产品的数量）、点击集中度（上行数据表示该关键词下点击排名前 3 名产品的点击占比；下行数据表示该关键词下点击排名前三产品的转化率之和）、PPC 竞价（Pay-per-Click，亚马逊的点击竞价，上行数据为平均值，下行数据为范围，竞价较低而搜索量较高的关键词比较受欢迎）、市场分析（该数据为在亚马逊搜索结果排名前 3 名产品的平均值，上行数据为价格，下行数据为评分数和评分值）。

图 2-24　批量分析关键词的结果

通过卖家精灵的批量分析关键词工具，可以得到关键词详细的流量数据和商业数据，这些数据对打造高质量的产品页面，以及开展后期的关键词营销，都有很好的支撑作用。

三、实训任务

（一）任务介绍

首先，登录亚马逊平台，选择一个自己感兴趣的具体产品，打开该产品的详情页面，从产品图片、产品标题、五点描述、产品详细描述、图文版品牌描述、产品评论等方面对该产品的详情页面进行评价，并给出优化建议；其次，根据亚马逊平台的关键词设置规则，为该产品设置关键词；最后，将所有内容制作成 PPT。

(二) 任务开展与评价

完成 PPT 后，在同学中寻找一位合作伙伴，与小伙伴相互展示 PPT，并与小伙伴进行相互宣讲、相互打分和相互点评；学习委员将 PPT 和打分点评记录收集起来，交给老师检查。

评分标准如表 2-3。

表 2-3　亚马逊产品的详情页面设置评分表

序号	评分标准	评分分值	得分	点评
1	对产品详情页的评价全面、清晰、准确	30		
2	关键词设置有理有据	30		
3	对产品详情页和关键词设置有自己独到的见解	10		
4	PPT 逻辑清晰，制作精美	15		
5	PPT 讲解流畅、大方	15		
总计		100		

任务三
跨境电商店铺运营

跨境电商店铺运营就是根据运营平台的政策，提高自己店铺的评分和等级，从而获取更好的平台待遇。很多跨境电商平台会从店铺视觉效果、产品表现、客户服务表现、物流表现和财务表现等方面，对店铺评分、划分等级。

本任务以国际站和亚马逊为例，讲解店铺运营。相应地，国际站和亚马逊店铺运营的核心也是提高商家及产品在平台的等级和评分。

一、国际站店铺运营

(一) 商家星等级制度介绍

国际站梳理跨境交易各环节买家的核心关注点，推出了商家星等级制度，该制度是评估国际站商家服务买家能力和意愿的分层体系，也是国际站店铺运营的核心指引。

国际站商家（卖家）的等级越高，从国际站平台获取的流量和扶持政策越多。商家需要根据本店铺在商家星等级制度中各项指标的评分，做出对应的优化和调整，以提高本店铺的评分和等级，从而获取国际站平台更多的流量和商机，同时为海外买家提供更好的服务。

（二）商家星等级评定规则

国际站将商家分为两种类型，即定制赛道（全量商家开启）和 RTS（Ready To Ship，快速交易）赛道（有条件开启），平台所有商家都可以选择定制赛道，而只有满足了一定条件的商家才能选择 RTS 赛道。国际站为每种类型的商家制定了一套等级评定规则，商家可任选一套规则进行等级评定。

根据商家星等级评定规则，每个赛道根据四大能力项（商家力、营销力、交易力和保障力）进行评分，每个能力项的最低分即该店铺的最终得分；每个能力项又包括一系列的评分指标，根据各指标项和数值和权重，经过综合计算得到对应能力项的分数。这些能力项和指标构成了国际站的商家星评分体系。

商家星等级评定规则可以用一句话来概括：双赛道取高，四力取短板。如图 2-25 所示，某商家同时开启了定制赛道和 RTS 赛道：定制赛道中，该商家的交易力得分最低，为 75 分，则该商家的定制赛道得分为 75 分；在 RTS 赛道中，该商家的交易力得分最低，为 64 分，则该商家的 RTS 赛道得分为 64 分。从定制赛道得分和 RTS 赛道得分中取一个较高的，75 分大于 64 分，则该商家的最终得分是 75 分，对应二星，这是一个二星级商家。

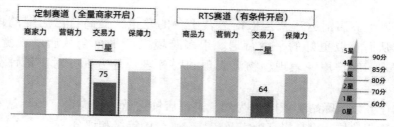

图 2-25　商家星等级评定规则

（三）商家星等级评定门槛

进行店铺星等级评定需要一定的门槛，即国际站的店铺必须满足一定的条件才能获评国际站一星级。

1. 定制赛道评级门槛

定制赛道的店铺需要满足的门槛如表 2-4 所示，满足表中全部条件的店铺可以晋升为国际站一星级，条件包括平均回复时间不大于 24 小时，指定商家的按时发货率不小于 80%，指定商家的异常履约率不大于 10%；相反，任何一个条件不满足，则该店铺就是零星级。

表 2-4　定制赛道评级门槛

指标名称	门槛标准	生效范围
平均回复时间	≤24 小时	全量商家
按时发货率	≥80%	非全量商家，仅对"近 90 天已到发货期的应发订单数"211 单的商家生效（"近 90 天已到发货期的应发订单数"为"按时发货率"指标的分母）
异常履约率	≤10%	非全量商家，仅对"异常履约金额"＞10 万美元的商家生效（"异常履约金额"为"异常履约率"指标的分子）

2. RTS 赛道评级门槛

RTS 赛道的店铺只要满足以下任意一个条件，就可以晋升为国际站一星级，开启店铺 RTS 赛道星等级的评定；相反，如果店铺不满足任何一个条件，则该店铺就是零星级。

（1）RTS 商品（可直接下单、约定发货期≤15 天且运费清晰可计算的商品）占总商品数的 30% 及以上；

（2）店铺加入"保障升级服务"，且店内至少有 100 个约定发货期≤7 天的 RTS 商品；

（3）店铺加入"保障升级服务"，且店内至少有 50 个支持"小单快定（即小量定制、快速发货）"的 RTS 商品。

（四）商家星等级评定指标体系

1. 定制赛道评级指标体系

定制赛道评级指标体系如表 2-5 所示，商家按照这个指标体系不断优化店铺表现，提高店铺指标值，那么店铺的运营效果就会越来越好。

表 2-5　定制赛道评级指标体系表

能力项名称	定制赛道指标	定义
商家力	Customization 商品成长平均分	当前店铺内所有 Customization 商品的商品成长分的平均值
	Customization 优品 & 爆品数	当前店铺内所有 Customization 商品中实力优品和爆品的总个数（商品成长分≥80 分且非重复铺货的商品）
	企业出口实力等加分项	当前店铺已验真的线下年出口额（美元）等
营销力	平均回复时间（门槛指标）	过去 30 天内卖家回复买家当日发起的首条采购咨询所需的平均时间
	商机指数	反映近 30 日访问店铺和店铺产品的商机买家的数量和质量的综合指数，为 0~1000 之间的数值。商机买家指有对店铺和店铺商品发起 TM（TradeManager，贸易通，一种即时通信工具）咨询、发送询盘、发起订单中任意一种行为的买家
	商机转化率	最近 30 天内的店铺访客中，在近 30 天内从店铺访客转化成商机买家的比例=最近 30 天内访问店铺且有商机行为的买家数/最近 30 天内访问店铺的买家数
	营销流量指数	近 30 日商家通过主动营销工具获取买家流量的能力和水平。主动营销工具包含付费营销（外贸直通车、顶级展位、问鼎）、自营销（如粉丝通、客户通中老客站内营销）及 EDM（Email Direct Marketing，电子邮件营销）等
	营销商品商机转化率	近 30 日内商家店铺内进行过营销的商品的商机转化率
	RFQ 服务指数	衡量商家在 RFQ（Request for Quotation，报价请求）市场中的买家服务能力的综合指标

能力项名称	定制赛道指标	定义
交易力	在线交易额	最近90天内店铺实际挂账到当前未取消的在线交易订单的实际到款金额
	支付转化率	最近90天内的店铺访客中，在近90天内从商机买家转化成支付买家的比例
	复购率	最近90天内的店铺在线交易买家中，有2笔及以上订单的买家比例
	机械本地售后商品交易额(加分项)	最近90天内店铺实际挂账到当前未取消的机械本地售后商品在线交易订单的实际到款金额
保障力	按时发货率（门槛指标）	近90天内已到约定发货时间的在线支付订单中，按时发货的订单数占比＝近90天内按时发货的在线交易订单数/近90天内约定发货的在线交易订单数
	买家评价分	买家在交易完成后对供应商的产品质量、卖家服务、按时发货三个维度的最近365天的订单打分取平均得分
	风险健康分（门槛指标）	根据店铺最近365天内在网站发生的违规扣分情况、异常履约率进行综合打分，其中异常履约率为星等级的卖家基础服务门槛指标之一
	轨迹可视率	当前店铺60天内已发货订单，物流信息模块中至少有两条轨迹的订单数占比

2. RTS 赛道评级指标体系

RTS赛道评级指标体系如表2-6所示，商家按照这个指标体系不断优化店铺表现，提高店铺指标值，那么店铺的运营效果就会越来越好。

表 2-6　RTS 赛道评级指标体系表

能力项名称	快速交易赛道指标	定义
商品力	RTS 优品 & 爆品数	当前店铺内所有 RTS 品中实力优品和爆品的总个数（商品成长分≥80 分且非重复铺货的商品）
	RTS 商品成长平均分	当前店铺内所有 RTS 品的商品成长分的平均值
	海外现货（加分项）	当前店铺内已验真的海外现货商品数
营销力	平均回复时间（门槛指标）	过去 30 天内卖家回复买家当日发起的首条采购咨询所需的平均时间
	RTS 商品总访客数	近 30 天店铺当前所有 RTS 商品带来的总访客数。
	营销流量指数	近 30 日商家通过主动营销工具获取买家流量的能力和水平。主动营销工具包含付费营销（外贸直通车、顶级展位、问鼎）、自营销（如粉丝通、客户通中老客站内营销）及 EDM 等
	营销商品商机转化率	近 30 日内商家店铺内进行过营销的商品的商机转化率（商机转化率指近 30 天内访问过这些商品详情页的买家中，在近 30 天内在本店内发生过询盘、TM 咨询、下单的买家数的占比）
交易力	在线交易额	最近 90 天内店铺实际挂账到当前未取消的在线交易订单的实际到款金额
	RTS 在线交易买家数	近 30 天内店铺实际匹配到当前未取消的已付款且已发货的 RTS 在线交易订单的买家数
	RTS 商品总转化率	近 30 天内店铺当前所有 RTS 商品的访客中转化成支付买家的比例
	RTS 在线交易额占比	最近 90 天内店铺含 RTS 商品的在线交易订单交易额在店铺总的在线交易额中的占比
	复购率	最近 90 天内的店铺在线交易买家中，有 2 笔及以上订单的买家比例

能力项名称	快速交易赛道指标	定义
保障力	按时发货率（门槛指标）	近 90 天内已到约定发货时间的在线支付订单中，按时发货的订单数占比
	买家评价分	买家在交易完成后对供应商的产品质量、卖家服务、按时发货三个维度的最近 365 天的订单打分取平均得分
	风险健康分（门槛指标）	根据店铺最近 365 天内在网站发生的违规扣分情况、异常履约率进行综合打分，其中异常履约率为星等级的卖家基础服务门槛指标之一
	轨迹可视率	当前店铺 60 天内已发货订单（前 15 天~前 74 天）中，物流信息模块中至少有两条轨迹的订单数占比
	到货保障覆盖率	当前店铺最近 90 天内核心 10 国（英国、美国、加拿大、澳大利亚、新西兰、德国、法国、西班牙、意大利、荷兰）的已支付的纯 RTS 信用保障订单（信用保障订单在支付时商品全部为 RTS 商品）中，到货保障订单的占比

（五）国际站商家店铺诊断

国际站商家需要根据定制赛道评级指标体系表和 RTS 赛道评级指标体系表进行店铺运营优化，重点把握以下几个方面（详见表 2-7）。

表 2-7 国际站商家店铺诊断表

1. 视觉模块					
诊断模块	PC 端/移动端	旺铺基建模块	旺铺营销模块	旺铺提升模块	客户体感模块
指标	双端同步	是否有产品缺失/链接失效情况；是否展示核心产品；是否有小语种模块	视频是否出现；是否有促销活动；是否与当前国际站氛围契合	自定义页面是否设置；买家互动评价模块设置效果	公司模块是否全部填写设置；证书是否上传

续表

2. 产品模块					
诊断模块	产品总数	产品信息质量	优品数	RTS 商品	零效果产品	直通车
指标	平台产品数是否达到 300，并填写数量；产品是否覆盖不同关键词	产品是否为 4.5 分以上产品；产品是否有视频；产品详情是否是智能编辑；产品是否是 FOB 离岸阶梯价	是否达到平台产品中 10% 的优品；是否包含实力优品与爆品	平台是否有 RTS 商品；RTS 商品是否超过 30%	是否有 180 天以上零效果产品	产品是否全部加入直通车

3. 流量模块					
诊断模块	上月总曝光	上月总点击	上月总反馈	点击率	转化率	有效果关键词（平台流量来源）
指标	与行业优秀和平均值对比					

4. 营销模块（直通车）				
诊断模块	直通车关键词数量	开启的直通车形式与单天预算	直通车曝光	直通车点击量、点击率	平均点击花费	推广时长
指标	与行业优秀和平均值对比					

5. 其他关联模块			
诊断模块	商家星等级	粉丝通	RFQ 模块	其他
指标	是否为 2 星以上商家；是否持续线上交易沉淀；是否赛道专一	是否每日持续发布；内容等级是否为 L2 以上；粉丝数是否大于 400	是否每月全部完成报价；报价服务力是否大于 60 分	

二、亚马逊店铺运营

与大多数跨境电商平台一样，亚马逊平台也会根据店铺运营指标对平台店铺进行评分和评级，高级别店铺会享受平台的优惠政策，例如，获得平台更多的流量支持，可以在产品图片里上传视频文件，产品详情页面可以使用 A+页面、可以设置更多的关键词、可以使用黄金购物车等。所以，亚马逊店铺运营的核心也是遵循亚马逊平台的店铺运营政策，不断提高店铺的评级，从而获得平台更多的优惠政策。

（一）亚马逊店铺绩效指标概述

亚马逊平台的店铺绩效指标主要体现在产品、客户服务和物流等方面，关键绩效指标如表2-8。

表2-8 亚马逊店铺绩效关键指标

序号	亚马逊指标	亚马逊指标要求	指标重要性	属性
1	订单缺陷率 （Order Defect Rate，ODR）	<1%	必须满足	服务性
2	订单取消率 （Cancellation Rate）	<5%，针对卖家自配送	必须满足	服务性
3	订单迟发率 （Late Shipment Rate）	<4%，针对卖家自配送	必须满足	服务性
4	有效追踪率 （Valid Tracking Rate）	>95%，针对卖家自配送	重要	服务性
5	准时到达率 （On Time Delivery）	>97%，针对卖家自配送	一般	潜在性
6	客户体验 （Customer Experience）	好于同类产品	重要	潜在性
7	违反政策 （Policy Violations）	账户关联、产品侵权、销售仿货	重要	政策性

（二）订单缺陷率

1. 订单缺陷率介绍

亚马逊是一个非常注重买家购买体验的平台，而订单缺陷率是衡量卖家提供买家体验能力的主要指标，所以亚马逊会着重考核；根据政策，卖家必须保持低于1%的订单缺陷率，如果该指标高于1%，可能导致账户停用。

该指标指在给定的60天时间段内存在一种或多种缺陷的订单占订单总数的百分比。订单缺陷率指标主要由3个部分组成：负反馈（Bad feedback）、亚马逊商城交易保障索赔（Guarantee Claims）和信用卡拒付索赔（Chargeback Claims）。

（1）负反馈

买家收到包裹后，可以在90天内对商品进行评价，如果对商品不满意或者其他原因，买家会给卖家1~2星的差评，即负反馈。

卖家可以要求客户在60天内移除负反馈，移除后，将不会被统计为缺陷率。

需要注意，亚马逊平台的评论（review）和反馈（feedback）是不一样的，两者的区别如表2-9。

表2-9 评论和反馈的区别

序号	评论（review）	反馈（feedback）
1	只针对产品本身，与客服和物流等产品以外的因素无关	针对某个订单，包括客服、物流、产品本身等因素
2	任意买家账户只要有过购买行为，就可以针对平台的几乎任意商品进行评价，无须购买该产品	买家必须下订单购买产品之后，才能对该产品进行反馈
3	评论不会影响订单缺陷率指标	反馈是订单缺陷率的重要内容

（2）亚马逊商城交易保障索赔

亚马逊保障涵盖卖家所售商品的配送时效和商品状况，如果买家对其中任何一方面不满意，需要在提出索赔之前与卖家取得联系，如果48小时后仍对解决方案不满意，可以向卖家提出索赔。

（3）信用卡拒付索赔

信用卡拒付与亚马逊商城交易保障索赔相似，只是索赔处理和决策由信用卡发放机构完成，而不是亚马逊。买家提出信用卡拒付索赔的原因包括：买家声称自己未收到商品、买家退回了商品但未收到退款、买家收到了已残损或有缺陷的商品等。当买家联系其信用卡公司提出信用卡拒付索赔时，信用卡公司会联系亚马逊了解交易详情；然后，亚马逊会通过电子邮件联系卖家，要求卖家提供交易信息；卖家必须在收到电子邮件之日起的七个日历日内对信用卡拒付索赔做出回应，否则，会被扣除账户中的交易金额。

2. 优化订单缺陷率

优化订单缺陷率需要提高店铺的整体表现，在营销、销售、履行订单等方面进行广泛的优化。此外，还需要一些关键的店铺运营。

（1）积极与消费者进行沟通，评估和解决消费者的负面反馈

评估和解决消费者的负面反馈，这是降低订单缺陷率、提高店铺绩效最直接的方法。店铺运营者一定要收集消费者的所有负面反馈，找出负面反馈背后的原因，对于重复出现的问题，把它当作首要解决的任务。在消费者给出负面反馈的60天内，如果店铺运营者积极与消费者进行沟通，解决消费者的问题或者给予消费者一定的补偿，消费者是可以移除负面反馈的。

同样，在消费者提出亚马逊商城交易保障索赔或者信用卡拒付索赔后，如果店铺运营者可以通过积极的沟通和妥善的处理，最终解决这些问题，就

能提高店铺绩效。

（2）认真研究平台政策，积极与平台沟通

店铺运营者要仔细地阅读平台所有的 A-to-Z 的索赔情形，充分认识到索赔对订单缺陷率的巨大影响（即便是撤销索赔，也会对店铺造成一定影响）；同时，即便是对订单缺陷率没有直接影响的退单拒付问题，卖家也要及时与银行协商解决。

如果店铺运营者收到的负面反馈包含脏话或敏感信息，或者是与 FBA 物流相关的订单，这些情况下，直接在 Seller Central 向亚马逊平台申请移除负面反馈，这样就不会影响到订单缺陷率表现。

如果消费者的负面反馈或者索赔不符合平台政策，店铺运营者可以对负面反馈或者索赔发起申诉，如果亚马逊平台判定店铺运营者胜诉，则该负面反馈或者索赔就会从订单缺陷率中移除。

（3）提高店铺运营水平

提高店铺运营水平，优化消费者购物体验，这是优化订单缺陷率表现的最根本措施。

店铺运营者可以通过更安全的绩效追踪系统，在店铺订单缺陷率达到亚马逊平台限额之前获得及时预警。

店铺运营者还可以通过软件、邮件等各种手段及时全面地关注和了解客户的反馈信息，根据消费者的意见，有针对性地改善产品包装、严格质量把控、优化甚至更换配送服务，提高产品质量甚至在有必要的情况下更换现有的产品供应商。

（三）物流服务

1. 物流服务指标介绍

订单取消率、订单迟发率、有效跟踪率和准时到达率都针对的是自发货商家，一般情况下，这些指标不符合要求都是库存管理、配送服务等物流方面的原因造成的。

订单取消率（CR）是在给定的 7 天时间段内，卖家取消的所有订单占订单总数的百分比。自发货卖家应维持低于 2.5% 的订单取消率，才能在亚马逊平台上销售商品；高于 2.5% 的订单取消率可能会导致账户被停用。

订单迟发率（LSR）是在 10 天或 30 天的时间段内，预计发货日期之后确认发货的订单数占订单总数的百分比。自发货卖家应将订单迟发率维持在 4% 以下，才能在亚马逊商城销售商品；迟发率高于 4% 可能会导致账户被停用。

有效追踪率（VTR）指在给定的 30 天内，卖家提供有效跟踪编码的发货包裹数占与已确认装运的自送包裹总数的百分比。从中国直接发运到美国、英国、德国、法国、意大利、西班牙、日本、新加坡、阿联酋、沙特阿拉伯、澳大利亚等国的自配送卖家，有效追踪率必须高于95%；如有效追踪率未达到标准，可能会导致账户被停用。

准时送达率（OTDR）是在预计送达日期前送达的货件占追踪货件总数的百分比。自发货卖家应维持高于97%的准时送达率，才能在亚马逊平台上销售商品；否则可能会导致账户被停用。

2. 优化物流服务

使用FBA配送是优化物流服务的重要手段，亚马逊平台商家（第三方卖家）把产品批量发送到亚马逊仓库，由亚马逊负责帮助商家存储产品，以及在商家收到订单时完成订单分拣、配送和退货等物流操作。

亚马逊FBA物流体系覆盖了北美洲、欧洲、日本等17个全球站点，在全球拥有175多个运营中心。

FBA物流服务有很多优点：第一，可以节省卖家精力，让卖家专心地在亚马逊平台上做好销售服务；第二，可以避免订单取消率、订单迟发率、有效跟踪率和准时到达率等指标的约束，降低账户风险；第三，配送时间非常快，给消费者带来更好的购买体验；第四，为商家带来更多的平台流量和曝光、更好的平台资源、更高的转化率。

使用FBA配送需要注意以下几点。

（1）决定哪些商品使用FBA

很多卖家在第一次做FBA的时候，都会选择一些卖得比较好或者有爆款潜力的产品，毕竟FBA需要压货，有一定的风险性，把全店铺所有产品都拿去做FBA也不太现实，那么如何从众多产品中挑选出适合FBA配送的产品呢？

卖家可以重点关注以下几个指标：第一，按照销量选择，可以优先选择销量比较高的产品；第二，按照页面浏览量选择，可以优先选择页面浏览量比较高的产品；第三，关注黄金购物车百分比（Buy Box Percentage），可以优先选择黄金购物车百分比比较高的产品；第四，查看后台销售指导（Selling Coach）中的智能推荐，可以直接参考。

除此之外，有一些类别的产品禁止进入FBA仓库，还有一些类别的产品需要经过批准才可以进入FBA仓库。这些都需要在发FBA之前了解清楚。

（2）计算FBA配送的交付周期

交付周期是指从卖家下单订货到货物可在亚马逊平台上销售的时间段，对于FBA卖家来说，就是从下单订货到产品进入FBA仓库的周期，相应的交付周期等于生产周期加上海运或空运的物流周期，再加上意外情况的物流时间。

现实中，FBA 货物的交付周期还要考虑一些不确定因素，例如，交货延期的可能性、包装和头程物流延迟、尾程物流延迟、货品清关延迟等。

（3）亚马逊的库存限制

亚马逊 FBA 没有最低库存要求，卖家只发送一个单元也是允许的。

但是，亚马逊 FBA 有卖家最高库存限制，以确保所有商品在高峰期都有可用的空间。打开卖家中心的发货队列，再转到"管理库存"，然后单击"管理 FBA 货件"，页面底部会显示两个选项卡："补货限制"和"存储量"，点进"补货限制"后即可查看每种存储类型有多少可用存储空间。

处理补货限制的最佳方法是提高库存绩效指标（Inventory Performance Index，IPI）分数，该指标衡量卖家在管理亚马逊物流库存方面的效率和成效，每三个月计算一次，得分高的卖家将获得更高的存储限制。

提高 IPI 得分的方法：减少冗余库存（excess inventory），提高利润；提高售出率（sell-through）；修复滞留库存（stranded inventory）的 Listings，确保商品可售；保证热销产品有库存，提高销量。

（4）确定产品库存数量

很多亚马逊店铺运营者都遇到过 FBA 断货的情形，造成 FBA 产品断货的原因有很多，新产品缺乏销售经验和销售数据容易出现断货，老产品也会由于销量意外上涨、交货延期等不确定性因素而断货。一旦出现 FBA 产品断货，使用 FBA 配送的货物一般都使用海运进行头程运输，需要较长的交付周期，会加重断货危机。

FBA 产品断货会导致该产品的排名权重迅速下跌，所以，商家需要谨慎计算产品库存量，以满足店铺运营的需要。过低的安全库存容易导致断货，过高的安全库存会带来不必要的库存成本，影响店铺的正常运营，需要商家在满足亚马逊库存限制的前提下，根据运营经验和市场行情等因素综合考虑，确定库存数量。

（四）客户服务

1. 客户体验指标介绍

客户体验（Customer Experience，CE）是平台评估卖家近期的订单情况和客户反馈情况的指标，以帮助卖家与同类产品卖家对比，卖家可以根据该指标发现表现差的产品。

客户体验差评率（Negative Customer Experience，NCX）是让亚马逊商家通过买家退货、退款情况和产品评论来了解客户的反馈，从而做出对商品的决定。

计算公式：NCX＝30天内收到负面反馈的订单数量/30天内总订单数量×100%，NCX并没有具体的数值要求，主要根据同类产品的表现来确定。NCX过高将导致订单数量锐减，甚至产品会被平台下架。

2. 优化客户体验指标

（1）了解平台政策

商家要认真阅读亚马逊平台的"the Voice of the Customer"报告，了解报告中关于"Customer Experience"指标的内容，掌握可能影响客户体验指标的全部内容，再根据相应内容优化店铺和产品的表现。

（2）编辑商品详情页面

如果消费者反馈商品详情页面存在问题，例如，缺少兼容性详情、尺寸表不正确和图片质量低下等，商家需要编辑商品详情页面，更改商品名称、商品要点、商品描述或图片，以解决问题，优化消费者体验。

（3）重新发布商品

如果认为买家反馈商品或上架信息存在系统性问题，商家可以重新发布商品，及时解决买家的负面体验。

综上，客户服务是提高消费者体验的重要一环，商家可以通过Q&A页面、邀请、维护消费者评价、反馈等方式积极与消费者沟通，不断优化店铺运营水平，提高消费者体验。

（五）遵守政策

商家在亚马逊平台运营，必须遵守亚马逊平台的相关政策，例如，不得发布侵犯品牌或其他权利人知识产权的商品，不得引导亚马逊用户去其他销售终端下单，不得进行刷单等操纵销售排名的行为，始终向亚马逊和买家提供准确的信息等。

三、实训任务

（一）任务介绍

选择一个自己感兴趣的跨境电商第三方运营平台，查阅相关资料，列出该平台关键的店铺运营指标，并阐述如何进行店铺运营，以获得更好的店铺评分和评级，将所有内容制作成PPT。

（二）任务开展与评价

完成PPT后，在同学中寻找一位合作伙伴，与小伙伴相互展示PPT，并相互宣讲、打分和点评；学习委员将PPT和打分点评记录收集起来，交给老师检查。

评分标准如表 2-10。

表 2-10 跨境电商第三方运营平台店铺运营指标评分表

序号	评分标准	评分分值	得分	点评
1	店铺运营指标清晰、明确	30		
2	店铺运营措施具体、可行性强	30		
3	对店铺运营有自己的理解	15		
4	PPT 逻辑清晰，制作精美	10		
5	PPT 讲解流畅、大方	15		
总计		100		

巩固练习

一、不定项选择题

1. 一般来说，选择跨境电商出口选品需要考虑几个原则：有市场潜力、产品操作简单、适合国际物流，此外，出口选品还需要注意很多细节，例如（　　）等。

A. 注意细分市场　　　　　　　B. 动态调整供应商

C. 产品由本企业独立生产　　　D. 选择运营平台

2. 建设跨境电商出口产品体系，还需要进行企业分析，包括（　　）等。

A. 分析供应商资源　　　　　　B. 分析团队优势

C. 确定商品组合　　　　　　　D. 确定店铺定位

E. 评估企业的资金情况

3. 在跨境电商出口选品过程中，常见的选品策略包括（　　）等。

A. "红海"市场选品　　　　　　B. "蓝海"市场选品

C. 潜力市场选品　　　　　　　D. 随机市场选品

4. 很多跨境电商运营平台都提供了站内选品的方法，例如，亚马逊平台提供了一些排行榜供运营者选品，包括（　　）。

A. 热销排行榜（Best Sellers）

B. 新品排行榜（New Releases）

C. 销售飙升排行榜（Movers & Shakers）

D. 愿望清单排行榜（Most Wished For）

E. 礼物排行榜（Gift Ideas）

5. 产品上架过程中，提供所有必填的商品信息非常重要，产品编辑页面有红色星号标记的为(　　)。

A. 选填项　　　　　　　　　　B. 不能填写项

C. 参考项　　　　　　　　　　D. 必填项

6. 在亚马逊产品详情页面，产品优化的内容包括（　　）等。

A. 产品图片　　　　　　　　　B. 产品标题

C. 五点描述　　　　　　　　　D. 产品详细描述

E. 图文版品牌描述　　　　　　F. 产品评论

7. 在设置后台关键词的时候，要注意不要包含（　　）类型的词汇。

A. 相关热搜词　　　　　　　　B. 停顿词

C. 临时性的词　　　　　　　　D. 主观性的词

8. 简单地说，跨境电商店铺运营就是根据运营平台的政策，提高自己店铺的评分，从而获取更好的平台待遇。很多跨境电商平台会从(　　)等方面，对店铺评分、划分等级。

A. 店铺视觉效果　　　　　　　B. 产品表现

C. 客户服务表现　　　　　　　D. 物流表现

E. 财务表现

9. 国际站将平台卖家分为两种类型，即定制赛道和 RTS 赛道，每个赛道根据(　　)能力项进行评分。

A. 商家力　　　　　　　　　　B. 营销力

C. 交易力　　　　　　　　　　D. 保障力

10. 亚马逊平台的店铺绩效指标主要体现在产品、客户服务和物流等方面，针对全部商家的关键绩效指标有（　　）等。

A. 订单缺陷率　　　　　　　　B. 客户体验

C. 违反政策　　　　　　　　　D. 订单迟发率

二、讨论题

你认为在亚马逊平台选品需要重点关注哪几个指标？

项目三　跨境电商内容运营

【知识目标】

1. 熟悉跨境电商内容运营的定义；
2. 掌握跨境电商内容运营的作用；
3. 掌握跨境电商内容运营的关键指标；
4. 理解跨境电商内容运营的策略。

【技能目标】

1. 能够运用 Word 等工具制作图文形式的产品推广内容；
2. 能够使用工具创作图片、短视频等形式的产品推广内容；
3. 能够制作亚马逊平台 Listing 详情页；
4. 能够利用社交媒体创作产品推广内容；
5. 能够对内容运营数据进行初步分析。

【素质目标】

1. 培养学生自主学习的能力；
2. 培育学生内容数据分析的能力；
3. 培养学生良好的沟通能力和团队合作意识。

任务一
跨境电商内容运营的认知

一、内容运营概述

（一）内容

内容原本指事物内部所包含的实质或存在的情况，是事物内在因素的总和，与"形式"相对。在电子商务领域和营销界，内容则是营销和运营的一种工具和手段，是沉淀消费的某种行为，也是营造新生态的手段和过程；内容通过图片、文字、视频或直播的展现形式，将产品或品牌的价值以一种消费者更认可、更愿意接受的方式传递出去。

内容在营销方面具有积极的意义，好的内容能使心与心之间展开交流、获得情感的共鸣、赋能商品价值、提高销售转化率。

 **思政园地**

网络不是法外之地

2023年3月，国家市场监督管理总局公布了《互联网广告管理办法》，于5月1日起施行。

内容包括：

禁止利用互联网发布烟草（含电子烟）广告。

在针对未成年人的网站、网页、互联网应用程序、公众号等互联网媒介上不得发布医疗、药品、保健食品、特殊医学用途配方食品、医疗器械、化妆品、酒类、美容广告，以及不利于未成年人身心健康的网络游戏广告。

（二）内容运营

1. 内容运营的定义

内容运营是指运营者通过图文、图集、视频、直播或音频的形式将企业的信息通过传播渠道展现给用户，旨在通过优质的内容激发用户参与、分享和传播，从而达到吸引消费者、促成销售的目的。

2. 跨境电商内容运营

跨境电商内容运营是指在跨境电商平台上，通过创建、发布、管理和优化内容，来提升品牌形象、提高用户体验、提升转化率，从而达到提升销售额的目的。

3. 内容运营的核心和特征

内容运营的核心是围绕内容的生产和消费，搭建一个良性循环，从而持续提升各类与运营相关的数据，最终达成吸引流量、培养用户，实现转化的目的。

内容运营的 3 个特征如下。

（1）传播渠道是内容运营的桥梁

好内容需要合适的渠道传达给用户。作为内容运营者，不仅要创作好内容，还要把内容传递出去。随着移动网络和新媒体平台的发展，只要有好的内容创意，有好的内容价值，就不怕没有传播渠道。内容运营者需要对当下的主流新媒体渠道了如指掌，制订合适、合时的渠道策略。

（2）内容运营的效果依赖于运营者的创意

内容的创作需要不断的创意来支持。一旦创意不够吸引人，或者运营者没有足够的创意产出，内容运营将面临内容无趣甚至内容中断的后果。所以，内容运营工作比较依赖运营者的创意，内容运营不是简单地发几篇文章。内容运营者要时刻保持敏锐的观察力和不俗的创造力，平时就要积累创作灵感和素材，保持创意产出。

（3）内容运营注重长期效果

对内容运营的认识，不能停留在当下的内容投放效果，要以长远的眼光看待内容运营的效果。内容运营是一项长期的内容投资，效果也不是通过一篇文案就能显现出来的，效果的考核要使用多重考核标准和度量指标。例如，除了看比较直观的转化率，还需要看拉新数量、曝光量、阅读量、访问量、跳出率、活跃用户数、好评率、点赞数量等数据。

4. 内容运营的岗位

包括展现类和渠道类两种，如图 3-1 所示。

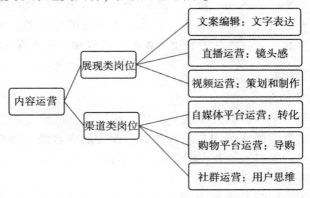

图 3-1　内容运营的岗位分类

内容运营岗位的门槛相对比较低，但作为一个综合类岗位，不仅要非常熟悉社交媒体，还要懂公司的产品、品牌、用户、市场、营销、文案，并且对互联网热点有着非常敏锐的洞察力，时刻保持创新精神。

该岗位需要的能力包括以下几点。

（1）文字表达能力

文字表达能力，也就是文字水平的能力，是指运用语言文字阐明自己的观点、意见或抒发思想、感情的能力，是将自己的实践经验和决策思想，运用文字表达方式，使其系统化、科学化、条理化的一种能力。

（2）热点跟进能力

热点跟进能力是指在社会热点事件发生后，能够快速、准确地获取信息、分析问题，并及时采取行动的能力。内容运营者在平时的工作和生活当中要注重对新闻事件和网络信息的及时关注，熟悉大众的审美取向和传播学的传播机制。在捕捉信息（关键词、事件、视频）的时候可以借助一些平台，例如，微博、舆情监测的工具等。

（3）用户洞察能力

用户洞察能力是指对用户价值、喜好和倾向的深刻理解。内容运营者先从懂自己开始，慢慢懂更多类型的用户，从他们真正需要什么，想追求什么和喜欢什么三个层次来理解用户，并以此运用于用户需求挖掘、内容策划和产品布局设计等综合性的工作当中。

（4）资源整合能力

资源整合能力是指整合内部和外部资源为自己所用，让它发挥非常大的效用的能力。在竞争异常激烈的当下，每一个企业/个人的力量都是有限的，内容运营者要懂得整合资源，成功的机会就会增多。

（5）数据分析能力

数据分析能力是指能够使用合适的统计分析方法，从采集的大量、复杂的数据中，抽取出有价值或有意义的信息并推导出结论，从而对数据做出进一步详细的研究和概括总结的能力。

具体包括数据处理、数据分析、数据展现和报告撰写4项能力。

①数据处理

数据处理是指对收集到的数据进行加工整理，形成适合数据分析的样式，它是数据分析前必不可少的阶段。数据处理的基本目的是从大量、杂乱无章、难以理解的数据中，抽取并推导出对解决问题与价值、有意义的数据。

数据处理主要包括数据清洗、数据转化、数据提取、数据计算等处理方法。一般拿到手的数据都需要进行一定的处理才能用于后续的数据分析工作，即使再干净的原始数据也需要先进行一定的处理才能使用。

②数据分析

数据分析是指用适当的分析方法及工具，对处理过的数据进行分析，提取有价值信息，形成有效结论的过程。在确定数据分析思路的阶段，数据分析师首先为需要分析的内容确定适合的数据分析方法，等到真正进入数据分析阶段时，就能够驾驭数据，从容地进行分析和研究了。

由于数据分析多是通过软件来完成。这就要求数据分析师不仅要掌握各种数据分析方法，还要熟悉主流数据分析软件的操作。简单的数据分析可以通过 Excel 完成，而高级的数据分析就要采用专业的分析软件，如数据分析工具 SPSS Statistics 等。

③数据展现

一般情况下，数据是通过表格和图形的方式来呈现的。常用的数据图表包括饼图、柱形图、条形图、折线图、散点图、雷达图等，还可以对这些图表进一步整理加工，使之变为所需要的图形，例如，金字塔图、矩阵图、漏斗图、帕累托图等。

④报告撰写

报告撰写可以分为 5 个步骤：明确数据分析的目的；拆解指标发现问题；给出结论；结合业务，给出建议和方案；撰写分析报告。

5. 跨境电商内容运营的作用

（1）提升品牌形象：通过优质的内容，可以提升品牌的知名度，增强消费者对品牌的认知，从而提升品牌形象。

（2）提高用户体验：通过优质的内容，可以提高用户的体验，让用户在购物过程中更加轻松愉快。

（3）提升转化率：通过优质的内容，可以提升转化率，让更多的用户最终成为消费者，从而提升销售额。

二、内容运营的数据指标

（一）内容运营的数据分类

1. 展示数据（Impression Metrics）：属于基础数据，通过直观的效果展示，用来反映内容被点击、查阅的情况，从而分析内容是否为网站（产品）提供了相应的帮助。包括但不限于 UV（独立访客数量）/PV（页面浏览数量）、转发数、互动数、点击率、覆盖人群、推荐量、阅读量、页面停留时长、阅读次数等。

2. 转化数据（Conversion Metrics）：属于投入与回报数据，是相对于展示数据而言更深层次的数据，用于判断内容是否能够促进用户的转化，例如，能否利用内容让用户从活跃转向付费，包含页面广告的点击次数、点击率、转化率、注册率、下载量、下单量、支付量、付费人数、付费金额等。

3. 传播数据（Propagation Metrics）：属于分享数据，用来标明内容的质量、趣味性等特征，监测内容被主动转发、传播的情况，这对能否二次传播带来新用户，以及需要引爆热点和病毒式传播的运营有着重大的意义和价值。主要有转发次数、评论次数、留言次数、点赞数、用户留存率、回访频率、回流率等。

4. 渠道数据（Channel Metrics）：属于路径数据，帮助了解不同渠道的效果和效益，优化内容的推广渠道选择和投入。可以通过分析不同内容发布渠道的表现，衡量渠道投放质量、效果，找到用户反馈最好的发布渠道。它是由产品的特性和受众人群的定位所决定的，例如，粉丝总人数、新增人数、取消关注人数、净增粉丝、渠道来源、转化路径、广告投放效果、渠道贡献、渠道成本等。

（二）内容运营数据的分析

内容运营数据的分析可以从 3 个维度进行。

1. 拉新

拉新即引流，让更多的消费者成为粉丝。对于内容运营者来说，拉新的工作是比较常见的，因为只有拥有了新的用户，才能进行用户的沉淀和转化。由于拉新的直接效果就是让消费者变成用户、粉丝，所以拉新的内容多为兴趣类、利益类，这样有利于提高拉新的整体效果。

考核内容运营的拉新效果，可以从内容带来的增量效果考虑，例如，新增粉丝数、阅读量、阅读时长、分享量等。同时，也需要考虑多平台之间的投放对比。

2. 留存、促活

留存即提升客户黏性，目的是通过内容提高粉丝对平台的依赖度和认可度。粉丝的数量固然重要，但是粉丝的质量也非常重要，只有黏性高的粉丝，后期才有更多的机会对其做转化。

促活就是提高粉丝的活跃度，通过一系列的内容或活动提高粉丝活性，说明粉丝本身是有价值的，也说明对粉丝的运营是有效果的。粉丝的活跃度越高，后期转化成功的概率也越大。

留存和促活的内容多是价值型和互动型的内容，目的是提高粉丝的黏性和活跃度，所以，基于内容的目的，对于留存和促活内容的效果，可以从内容的点赞数、留言数、互动参与人数、转发数、分享数等相关数据进行分析和对比。

3. 转化

转化也是内容运营的最终目标。拉新、留存、促活的最终目的是转化，但是转化的效果也受拉新、留存、促活效果的影响。只有前期的拉新、留存和促活运营做成功了，才会有后来的转化效果。所以，转化类的效果除了受转化内容本身的影响，与前期的拉新、留存、促活的整体内容运营有很大关系。

对于转化类的内容，运营者要分析其效果，可以从转化率、点击率、分享数、购买数、页面浏览时长、销售额等数据进行相关性分析。

 **思政园地**

内容运营的违规行为

内容运营的违规行为主要表现为恶意引流和发布虚假内容。

不能恶意引流，不能在视频内容中出现诱导分享、关注、导流的行为，也不能给粉丝或用户大量发链接、手机号、二维码、微信号等联系方式。

不能发布虚假内容，不能发布没有科学依据、不实消息，或者扭曲、捏造事实，或者一些悲观、负面的信息，这些都是平台禁止的信息，会严重扰乱社会秩序。所以，视频内容要传播正能量和美好的事物。

三、内容运营的渠道

一般来说，跨境电商内容运营的渠道根据是否在平台内开展可以分为站内内容运营和站外内容运营两大类。企业在选择渠道时，需要根据自身产品、目标用户和预算等因素进行综合考虑，制订合适的内容运营策略和方案，提高品牌知名度和竞争力。

（一）站内内容运营

跨境电商站内内容运营是指在国内外主流跨境电商平台上优化关键词、标题、海报、详情页、短视频等内容，吸引更多的用户关注和购买。在选择跨境电商平台时，要考虑平台的用户规模、产品分类和竞争情况等因素。常见的国内外电商平台包括亚马逊、eBay、AliExpress、SHEIN、Temu、Shopee、Lazada 等。

（二）站外内容运营

跨境电商站外内容运营是指在跨境电商平台以外进行的内容运营，包括站外的社交媒体、搜索引擎、网红种草、电子邮件等。

1. 社交媒体营销

社交媒体营销是跨境电商内容运营的重要手段之一。通过在国外主流社交媒体平台上发布产品信息、广告、用户评价等内容，来吸引消费者的注意，引起线上网民的讨论，并鼓励网民通过其个人的社交媒体去传播散布这些营销内容，从而提高品牌知名度，增加产品曝光率。

社交媒体具有流量"惊人"和自由度大两个特点。流量"惊人"是指用户及观众数量巨大；自由度大是指其平台具有自发选择、编辑及传播的能力。

常见的跨境社交媒体平台包括 Tiktok、Facebook、Twitter、Instagram、YouTube 等。

（1）社交媒体营销的优势

①精准定向目标客户

社交媒体掌握了用户大量的信息，仅仅是用户公开的数据中，就有大量极具价值的信息。不只是年龄、工作等一些表层的东西，通过对用户发布和分享内容的分析，可以有效地判断出用户的喜好、消费习惯及购买能力等信息。此外，随着移动互联网的发展，社交用户使用移动终端的比例越来越高，移动互联网基于地理位置的特性也将给营销带来极大的变革。这样通过对目标用户的精准人群定向以及地理位置定向，我们在社交媒体投放广告自然能收到比在传统网络媒体更好的效果。

②社交媒体的互动特性可以拉近企业和用户的距离

互动性是网络媒体相较传统媒体的一个明显优势，而直到社交媒体的崛起，人们才真正体验到互动带来的巨大魔力。在传统媒体投放的广告根本无法看到用户的反馈，而官方的反馈也是单向的、不即时的，互动的持续性差，企业和用户深入沟通的渠道是不顺畅的。而社交媒体使用户有了企业的官方微博、公众号等，在这些平台上，企业和顾客都是用户，先天的平等性和社交媒体的沟通便利特性使得企业能和顾客更好地互动，打成一片，形成良好的企业品牌形象。此外，微博等社交媒体是一个天然的客户关系管理系统，通过寻找用户对企业品牌或产品的讨论，可以迅速地做出反馈，解决用户的问题。如果企业官方账号能与顾客或者潜在顾客形成良好的关系，让顾客把企业账号作为一个朋友的账号来对待，那企业获得的价值是难以估量的。

③社交媒体的大数据特性可以帮助企业低成本地进行舆论监控和市场调查

随着社交媒体的普及，社交媒体的大数据特性得到很好的体现。首先，通过社交媒体企业可以低成本地进行舆论监控。在社交媒体出现以前，企业想对用户进行舆论监控的难度是很大的。而如今，社交媒体在企业危机公关时发挥的作用已经得到了广泛认可，任何一个负面消息都是从小范围开始扩散的，只要企业能随时进行舆论监控，可以有效地降低企业品牌危机产生和扩散的可能。其次，通过对社交媒体大量数据的分析，或者进行市场调查，企业能有效地挖掘出用户的需求，为产品设计开发提供很好的市场依据，例如，一个蛋糕供应商如果发现在社交网站上有大量的用户寻找欧式蛋糕的信息，就可以加大这方面的蛋糕设计开发，在社交媒体出现以前，这几乎是不可能实现的，而如今，只要拿出些小礼品，在社交媒体做营销活动，就会收到海量的用户反馈。

④社交媒体让企业获得了低成本组织的力量

通过社交媒体，企业可以以很低的成本组织起一个庞大的粉丝宣传团队，而粉丝能带给企业多大的价值呢？例如，小米手机如今有着庞大的粉丝团队，数量庞大的米粉成了小米手机崛起的重要因素，每当小米手机有活动或者出新品，粉丝就会奔走相告，做足宣传，而这些，几乎是不需要成本的。如果没有社交媒体，想要把米粉们组织起来为小米做宣传，必然要花费极高的成本。此外，社交媒体的公开信息也可以有效地寻找到关键意见领袖（Key Opinion Leader，KOL），通过对KOL的宣传攻势，自然可以收获比大面积撒网更好的效果。

社交媒体在营销方面的优势显而易见，但是同时也还有很多问题的存在。例如，社交媒体营销的缺乏可控性，投入产出比难以精确计算等。不过随着社交媒体时代的到来，社交媒体营销的体系也必然会逐渐完善，所以，每一个营销人都不能选择躲避它，要直面这个新的挑战。

（2）社交媒体营销的误区

虽然社交媒体营销在跨境电商运营中有较多优势，但也需要避免一些误区。

①社交媒体运营脱离了营销的本质

一些社交媒体运营者过于关注内容的趣味性和创意性，没有"寓教于乐"，导致受众只记住了趣味内容和创意内容，没有记住企业的产品和品牌，导致社交媒体营销成了无效的、哗众取宠式的闹剧。

②部分社交媒体运营者过于追求营销效果

部分社交媒体运营者经常在社交媒体上赤裸裸地营销，甚至出现向粉丝过度推销的情况，这种行为无异于"杀鸡取卵"，对企业的长期声誉、品牌形象都是不利的。正确的社交媒体营销应该是贴近受众的工作和生活，如盐入水，融营销于无形的社交中。

③社交媒体营销过于随意，缺乏规划

一些社交媒体运营者不仅发布内容的数量很少，而且发布的频率不确定，甚至发布内容的属性也统一，完全不能对特定的受众形成吸引力，营销的效果自然差强人意。通过社交媒体发布什么内容，什么时候发布，要达到什么效果，社交媒体运营者要有一个清晰的规划。

④社交媒体营销缺乏底线意识，有违法违规的嫌疑

一些社交媒体运营者发布的内容涉嫌抄袭或者触犯社会道德底线，不仅会赶走粉丝，甚至会招致相关部门的处罚。

为了坚守社交媒体营销的底线，跨境电商企业需要多了解国家法律法规、道德规范、平台规则制度等内容。

 **思政园地**

社交媒体内容运营"九不准"

为了规范使用网络社交媒体，充分发挥网络社交媒体在公安工作中的积极作用，公安部制定了《公安民警使用网络社交媒体"九不准"》。

该规定对于跨境电商企业进行社交媒体营销有很好的指导作用，具体内容如下。

①不准制作、传播与党的理论、路线、方针、政策相违背的信息和言论；

②不准制作、传播诋毁党、国家和公安机关形象的各种负面信息；

③不准制作、传播低俗信息、不实信息和不当言论；

④不准讨论、传播公安机关涉密或者内部敏感事项；

⑤不准擅自发布涉及警务工作秘密的文字、图片、音视频；

⑥未经本单位主管领导批准，不准以民警身份开设微博、微信公众号，个人微博、微信头像不得使用公安标志与符号；

⑦不准利用网络社交工具的支付、红包、转账等功能变相进行权钱交易；

⑧不准利用网络社交媒体进行不正当交往，非工作需要不得加入有明显不良倾向的微信群、论坛等网络社交群体；

⑨不准利用网络社交媒体从事其他与法律法规、党纪条规和党的优良传统相违背的活动。

2. 搜索引擎营销

搜索引擎营销（Search Engine Marketing，SEM）是指基于搜索引擎平台的网络营销，利用人们对搜索引擎的依赖和使用习惯，并通过对搜索引擎进行优化和付费广告投放，提高品牌在搜索引擎结果页面上的排名，从而吸引

更多的目标客户访问电商平台。在跨境电商领域，谷歌是最主要的搜索引擎平台，企业可以通过谷歌广告投放、SEO（Search Engine Optimization，搜索引擎优化）等手段，提高品牌在谷歌等搜索结果页面上的排名和曝光度。

3. 网红种草营销

网红种草营销是指与社交媒体上拥有一定影响力的用户合作，通过他们的推荐和宣传，吸引更多的目标用户关注和购买。利用网红进行种草营销已成为当今品牌推广的重要策略。网红的影响力和粉丝基础、真实的用户体验、个性化的推荐和定位、创造有趣的内容，以及社交媒体平台的流量和传播效果，都是利用网红进行种草营销的原因。通过与网红合作，品牌能够快速传达产品信息，增加品牌曝光度和影响力，促使消费者产生购买欲望。然而，在与网红合作时，品牌也需要注意选择与自己定位相符的网红，确保合作内容真实、有趣、符合品牌形象，以获得更好的推广效果。在跨境电商领域，可以选择与国外知名的博主、网络红人、KOL 等进行合作，让他们为品牌代言或推荐产品，提高品牌的知名度和美誉度。

4. EDM（Electronic Direct Mail Marketing，电子邮件营销）

EDM 是在用户事先许可的前提下，通过电子邮件的方式向目标用户传递价值信息的一种网络营销手段。电子邮件可以实现品牌和顾客之间的直接沟通，更具人性化，部分喜欢通过电子邮件接收品牌活动通知；部分品牌独立站的流量来源之一也是邮件营销带来的旧客户，这些旧客户同时也是购买意愿较强的忠实顾客。EDM 有 3 个基本因素：用户许可、电子邮件传递信息、信息对用户有价值。3 个因素缺少一个，都不能称之为有效地 EDM。

四、实训任务

（一）任务介绍

越来越多的电商企业利用内容进行引流和转化，内容又有各种各样的表现形式，对内容的运营也有多种手段和方法，不管运用哪种内容和什么手段，都是通过对内容的操作实现引流和转化的。请你结合对内容运营的理解，选择一个跨境电商内容运营的案例进行分析。

主要分析的内容有：该案例是如何通过内容进行引流或转化的？该案例的内容形式是什么？该案例对内容是如何运营的？该案例的精彩之处在哪里？通过对该案例的分析，你是如何理解内容运营的？请将以上内容制作成 PPT。

（二）任务开展与评价

完成 PPT 后，在同学中寻找一位合作伙伴，与小伙伴相互展示 PPT，并与小伙伴相互宣讲、相互打分和相互点评；学习委员将 PPT 和打分点评记录收集起来，交给老师检查。

评分标准如表3-1。

表3-1　跨境电商内容运营案例分析评分表

序号	评分标准	评分分值	得分	点评
1	PPT美观，符合汇报的基本要求	20		
2	案例内容包含任务要求	40		
3	案例分析包含个人观点	20		
4	思路清晰，逻辑合理	20		
总计		100		

任务二
跨境电商站内内容运营

一、站内内容运营的基础

跨境电商站内内容运营基础主要指产品内容的编辑，包括关键词挖掘、标题撰写、详情页（Listing）设计与优化等，站内内容运营的产品管理与项目二中任务二的产品管理部分本质相同，工作内容也相似。

（一）关键词挖掘

关键词（keywords），指用户在使用搜索引擎时输入的表达个人需求的词汇，能直接反映出用户意图。

跨境电商平台都内置搜索引擎，方便用户寻找产品。如果店铺选对关键词，就可以快速地出现在精准用户的搜索结果中，达到引流的目的。搜索引擎需要对用户输入的搜索关键词进行词性识别，并根据关键词词性的不同分配相应的权重，所以，熟悉并掌握关键词的分类是非常重要的技能。

目前，跨境电商行业内并没有对关键词的类别划分形成统一标准，但在主流跨境电商平台，常见的关键词类型一般有：核心词、品牌词、属性词、营销词和长尾词。

核心词，指与商品有紧密联系、能精准表达商品的关键词。一般核心词字数较少，多为行业内的短词、热词和大词，搜索量大，但数量少，竞争激烈。常见的核心词是商品词或类目词，例如，手机、连衣裙等，在亚马逊平台，核心词"dress"（连衣裙）搜索结果页如图3-2所示，搜索结果超过40000条。

图3-2　亚马逊平台核心词"dress"的搜索结果页

品牌词，指商品的品牌名称，例如，特斯拉、苹果等。亚马逊平台品牌词"Apple"（苹果）的搜索结果页如图3-3所示，作为知名品牌词，"Apple"的搜索结果超过100000条。

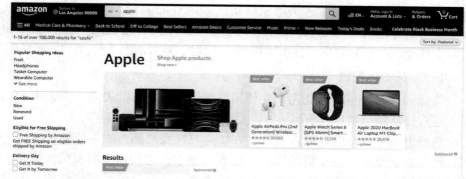

图3-3　亚马逊平台品牌词"Apple"的搜索结果页

属性词，指描述商品参数、特征的关键词，包括商品的尺寸、材质、颜色、型号、风格等。例如，中长款、丝绸等。

营销词，指具有营销性质的关键词，包括优惠信息、突出商品卖点、展现品牌信誉等。例如，新款、正品等。

长尾词，指商品的非中心关键词，但与中心关键词相关，可以带来搜索流量的组合型关键词。一般由 2 个或 2 个以上的词组成，通常可以由核心词、属性词、营销词等搭配组成。例如，新款苹果手机、荷叶长裙大码等。

 **思政园地**

内容运营必须遵守《中华人民共和国广告法》

内容运营选择关键词时，要注意遵守《中华人民共和国广告法》及相关法律法规的规定，即广告内容不得使用绝对化、极限的词汇，以下为常见极限用词。

（1）"最"字词语。如最佳、最好、最大、最低、最高、最全、最优、顶级、最先进、最优质、最权威等词语。

（2）"一"字词语。如第一、中国第一、世界第一、第一品牌等词语。

（3）"独""唯"字词语。如独一无二、唯一、独创等词语。

（4）"级""首"字词语。如国家级、世界级、顶级、极致、极佳、首选、首个、首家等词语。

（5）其他极限词语。如绝佳、精准、全国、中国、全球等绝对化词语。

（二）标题撰写

商品标题是描述商品的名称，通过标题可以让买家找到商品、快速了解商品的类别、属性、特点等。

网店商品的标题一般由多个关键词组成。以亚马逊平台为例，一般类目的标题通常最多使用 200 个字符。网店在制作商品标题时要充分利用这 200 个字符的空间，争取获得标题流量最大化。亚马逊平台某连衣裙的标题如图3-4所示。

图 3-4 亚马逊平台某连衣裙的标题

商品标题具有 3 个作用：

1. 明确告诉潜在买家网店卖的商品是什么。
2. 告诉搜索引擎网店卖的商品是什么。
3. 影响商品自然搜索结果排名。

一个好的商品标题，应该满足两个条件：一是有利于点击，标题设置需要符合买家的购买习惯；二是有利于展现，标题中需含有买家搜索的关键词，且关键词相关性较高。

（三）详情页设计与优化

商品详情页是展示商品详细信息的页面，是文字、图片、表格、视频等多种元素的组合。

详情页设计要遵循一个原则是首尾呼应，即详情页与产品的主图呼应。产品的几张主图里，告诉了买家什么内容，产品的详情页里，也要体现这些内容。让买家反复解读这些信息，在不知不觉中，影响消费者的决策。如果产品的主图和详情页表达的信息不一致，买家可能会忘记产品的作用、特点。

详情页设计的另一个原则是展示消费者关心的信息。一个真正好的详情页，首先是要能传达消费者关心的点，其次才是视觉效果。设计一张高点击率的详情页，不仅要熟悉自身产品，也要熟知消费者心理。

例如，亚马逊商品详情页，包括产品属性、购物车、广告、视频、产品评论和评分、历史、卖家信息、产品图等。消费者通过详情页来购买产品，亚马逊则用详情页来为消费者优先展示最佳商品。对于亚马逊整个运营推广过程而言，写好一个亚马逊详情页是其中最关键的环节，同时它也是一名亚马逊运营人员必备的基础技能。

二、站内内容运营的策略

跨境电商站内内容运营的策略，主要是指先要构建完整的内容体系，争取发挥 UGC（User Generated Content，用户原创内容）的作用，要深入了解用户需求，考虑合作推广，定期测试和优化。

（一）构建完整的内容体系

跨境电商平台应该构建一个完整的内容体系，包括产品标题、视频、图片、音频等多种形态的内容，既可以独立存在，也可以相互结合，形成有趣、有效的内容营销模式。例如，亚马逊平台的内容运营最关键的是创作和不断优化产品的 Listing 详情页。同时，内容体系应立足于用户需求，为用户提供优质的内容，让用户在娱乐、信息获取和购物之间得到最好的体验。

（二）发挥 UGC 的作用

UGC 在跨境电商平台中可以发挥重要的作用。跨境电商平台可以通过吸引用户上传商品的图片、评论等内容，来增加用户的参与感，同时也能吸引更多的用户访问。通过各种互动和分享机制，可以进一步扩大内容的分发范围，增加平台的传播效果和用户黏性，提高广告效果。在亚马逊平台，顾客在浏览产品页面时，关注点主要集中在评论数量和详情，这是影响用户购买决定的决定性因素。

（三）深入了解用户需求

内容运营的关键在于了解用户需求，而用户需求如冰山一样，除了明确的需求以外，还有很大一部分信息埋藏在海平面之下，这部分"看不见的需求"才是需求挖掘的重点。在用户需求的挖掘中，"看得见的需求"通常来自用户的直接体验，即用户在使用产品或服务的过程中产生的不满或期待。例如，手机用户对手机外观老气、Bug 多、价格过高的不满就属于"看得见的需求"。"看不见的需求"则是用户无意识的需求或超出用户对产品的固有认知的潜在期待。无意识的需求，指用户在实际使用场景中没有实际体验到的或体验后无法明确归纳的需求。

跨境电商平台应该通过大数据技术深入分析用户的行为和兴趣，挖掘更多的用户需求，从而制订个性化的内容运营策略。例如，对于某类商品，通过情感化的视频来展示和介绍，能够更好地吸引消费者。对于某类用户，根据他们的浏览记录和搜索关键词，进行个性化推荐，更有可能吸引到他们的关注。

 思政园地

内容运营不得侵犯顾客隐私

内容运营必须了解用户需求，但注意不要侵犯顾客隐私，否则会付出高昂代价。

例如，2023 年 5 月 31 日，美国亚马逊旗下智能门铃公司 Ring 以及语音助手 Alexa 部门分别与美国联邦贸易委员会就有关侵犯用户隐私的指控达成和解协议，亚马逊及 Ring 公司总共支付超过 3000 万美元的赔偿金。

（四）合作推广

除了自主创作，跨境电商平台也可以与知名的内容创作者进行合作，共同推出内容运营活动。这种合作的方式能够借助"大 V"的粉丝资源和

影响力，增强自身平台的品牌认知度和用户黏性，同时也能提高合作方的曝光度。

（五）测试和优化

在制订和实施站内内容运营策略的过程中，跨境电商平台应该定期测试和优化，了解哪些方式暂时不适合自己，哪些方式需要进一步完善。同时还要学习其他同行业的优秀策略，不断创新自己的内容运营策略。

总之，在竞争激烈的跨境电商平台中，站内内容运营成了一种有效的营销手段，跨境电商平台应该积极制订和实施内容运营策略，以优质的内容吸引并留住用户，提升品牌的知名度和影响力。只有精心打磨好内容运营策略，才能在激烈的市场竞争中占据优势，获得成功。

三、站内内容运营的关键指标

跨境电商站内内容运营会产生很多数据，但跨境电商站内内容运营的关键是提升店铺销售额。

（一）跨境电商销售额公式

销售额＝流量×转化率×客单价＝曝光×点击率×转化率×客单价

从公式看，一个跨境电商的销售额主要受曝光、点击率、转化率、客单价这些指标的影响，并与它们成正相关关系，因此要做好跨境店铺销售额，其关键是能够不断地优化这些指标。

（二）站内内容运营和各指标之间的关系

从流程上看，要提高店铺销售额就需要商家在引入客户流量，提高客户关注度、客户转化率、客单价等方面逐一做好内容运营工作。

首先，市场的定位、选品、定价是整个跨境店铺运营的根基，也是跨境网店运营的首要职责，一旦确定，后续的网店内容装修（视觉效果、文案、短视频）、跨境网店推广、跨境网店促销活动方向也就明确了。

其次，访客量即网店流量，由产品曝光与点击率决定。流量主要包括拓展新客户流量和维护老客户流量。新客户引入工作主要由推广部门负责，老客户的维护工作主要由客服部门负责。

再次，转化率即成交访客与进入网店访客的比值，主要受流量有效性、网店页面的装修水平、促销因素、客服服务水平的影响，因此转化率指标一般由推广部门、美工文案部门、活动部门和客服部门共同负责。

最后，店铺的客单价即店铺成交额与成交客户的比值，主要反映平均每个客户的购买金额。这既与店铺的商品结构、促销因素（关联搭配）有一定关系，又与客服的引导能力有一定关系。

（三）流量指标分析

流量指标一般用 UV 表示，与产品曝光与点击率正相关。但是 UV 只是店铺流量的一个指标，商家做好 UV 指标，其更深层次的含义是做好流量指标。

做好流量分析工作，不仅要关注店铺 UV 指标，还需要关注店铺其他流量指标如 IP、PV，关注流量的来源结构、增量、流量访问周期特征、流量的转化特征，而这些数据都可以通过平台官方提供的工具统计得到。

亚马逊平台，每天都有数百万的买家和卖家在平台上进行交易。在这个过程中，买家和卖家之间会进行很多的会话。亚马逊会话次数是指买家和卖家在亚马逊平台上进行的每一次交流，都是通过消息、邮件、电话等方式进行的。这项数据能够帮助卖家了解到自己的客户需求和疑问，可以帮助买家更好地了解商品信息，从而提高交易成功率。如图 3-5 所示，订单商品总数与店铺会话次数成正比，亚马逊卖家想要提高产品销量，必须增加流量，与客户多会话。

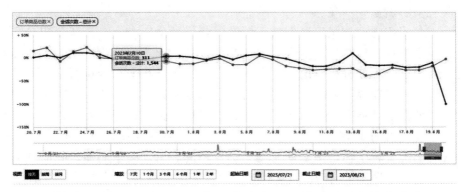

图 3-5　亚马逊平台某 3C 配件店铺会话次数与订单商品总数图

（四）转化率指标分析

转化率是店铺内容运营效果的关键指标，涉及因素最多。转化率效果既受到推广部门投放商品、投放渠道、投放关键字的精准性影响，也受文案美工部门文案内容的精准度、关联度影响，同时受到客服部门服务专业水平的影响，因此，分析转化率指标需要环环相扣，逐一分析各部门的相关指标。

（五）客单价指标分析

客单价向来是零售行业的焦点话题，在客流量相近的情况下，提升销售额最直接有效的方法是提升客单价。

客单价=商品平均单价×每位顾客平均购买商品的个数

提升客单价可以从以下两方面入手。

1. 提升商品平均单价

（1）ABC 法价格带

在商品品类布局中，可以采取在相同价格带的品种中搭配高价位、高毛利品种或低价位、高毛利品种，以最高价位 A 品种和最低价位 C 品种做价格比较，突破传统心理价位，反衬 B 品种也不算太贵，在销售时重点成交 B 品种，即稍低于最高价位的品种。这样既让消费者买得舒服安心，同时提高销售数量。

（2）主推高价格商品

主推高价格商品，尽可能吸引中高端人士消费。而面向家庭消费主推大规格、大包装商品，让顾客有价廉物美之感，最大限度地提高了客单价。

2. 提高顾客购买商品数

（1）关联营销

啤酒与哪类产品摆放在一起时会卖得更多？是其他酒类或是下酒菜等食品类吗？答案是尿不湿。

沃尔玛用啤酒与尿不湿创造了营销界最成功的案例之一。沃尔玛分店的营销经理发现，啤酒与尿不湿的销量在周末总会出现成比例的增长，立即对这个现象进行了分析和讨论，并且派出专门的人员在卖场内进行全天候的观察。最后，发现啤酒和尿不湿多为男人在周末采购，而且购买这两种产品的顾客一般都是年龄在 25 至 35 周岁的青年男性。由于孩子尚在哺乳期，多数男人都按夫人的要求，下班后带尿不湿回家，而周末正是体育比赛的高峰期，一杯啤酒配着看比赛是多么惬意的事。发现谜底后，沃尔玛便对物品陈列进行了调整，将尿不湿与啤酒货架拉近，全年下来，营业额增加了几百万美元。可见，即使是毫无联系的两个产品在活性化陈列后，也可以让消费者"触景生情"产生冲动型消费。

（2）创建会员体系

店铺会员通过购买、评论、晒单等行为获得相应的积分，在下次购买结账时，顾客可以使用当前的积分抵扣部分金额。消费者会重视这种潜在的价值回馈，往往会更乐意多买产品。

除此之外，提高店铺客单价的方法还有很多，在经营中多观察，多思考，多探索总是无往而不利的。

表 3-2 为亚马逊平台某 3C 配件店铺月度销售统计表，从表中看出该店铺产品平均单价在 13 美元左右，销售数量在 200 个以上；B2B 平均单价为 12 美元左右，销售数量在 20 个以下。显然，B2B 产品的客单价要低，要提高客单

价，可以采取关联营销和多买有优惠等手段。

表 3-2　亚马逊平台某 3C 配件店铺销售统计

日期	已订购商品销售额	已订购商品销售额 - B2B	已订购商品数量	已订购商品数量 - B2B	订单商品总数量	订单商品总数量 - B2B	每种商品的平均销售额 - B2B	每种订单商品平均销售额 - B2B	每种订单商品平均数量	每种订单商品的平均数量 - B2B	平均销售价格	平均销售价格 - B2B	会话次数 - 总计	会话次数 - 总计 - B2B	订单商品会话百分比	订单商品会话百分比 - B2B	平均报价数量
2023/7/21	US$5,675.68	US$179.85	435	15	444	9	US$13.71	US$19.98	1.05	1.67	US$13.05	US$11.99	1,572	31	26.34%	29.03%	4
2023/7/22	US$4,327.30	US$153.47	331	13	340	6	US$13.96	US$25.58	1.07	2.17	US$13.07	US$11.81	1,498	22	25.00%	27.27%	4
2023/7/23	US$5,183.77	US$36.67	394	3	393	2	US$13.53	US$18.34	1.03	1.5	US$13.16	US$12.22	1,658	29	23.10%	6.90%	4
2023/7/24	US$5,665.08	US$218.22	432	18	415	9	US$13.65	US$14.56	1.04	1.2	US$13.11	US$12.13	1,655	49	25.00%	30.61%	4
2023/7/25	US$4,612.49	US$179.85	351	15	337	5	US$13.69	US$13.83	1.04	1.15	US$13.15	US$11.99	1,605	34	21.00%	38.24%	4
2023/7/26	US$4,656.45	US$233.80	357	20	330	9	US$14.11	US$25.98	1.08	2.22	US$13.04	US$11.69	1,443	40	22.87%	22.50%	4
2023/7/27	US$5,142.89	US$109.71	392	7	359	7	US$13.82	US$15.67	1.05	1.29	US$13.12	US$12.19	1,457	33	25.53%	21.21%	4
2023/7/28	US$4,646.86	US$192.24	354	16	323	10	US$14.39	US$19.22	1.1	1.6	US$13.02	US$12.02	1,425	30	22.67%	33.33%	4
2023/7/29	US$4,232.79	US$71.94	321	6	311	5	US$13.61	US$14.39	1.03	1.2	US$13.19	US$11.99	1,475	33	21.08%	15.15%	4
2023/7/30	US$4,207.81	US$11.99	320	1	309	1	US$13.53	US$11.99	1.03	1	US$13.19	US$11.99	1,544	19	20.14%	5.26%	4
2023/7/31	US$4,055.15	US$157.07	307	13	291	9	US$13.94	US$17.45	1.06	1.44	US$13.15	US$12.08	1,543	26	19.38%	34.62%	4
2023/8/1	US$5,140.88	US$23.98	368	2	392	6	US$13.87	US$23.48	1.05	2	US$13.16	US$11.74	1,507	19	19.38%	23.08%	4
2023/8/2	US$4,498.58	US$212.82	343	18	316	10	US$14.24	US$21.28	1.09	1.8	US$13.16	US$12.10	1,554	19	21.30%	52.63%	4
2023/8/3	US$4,633.09	US$181.45	352	15	331	10	US$14.00	US$18.14	1.06	1.5	US$13.16	US$12.10	1,554	19	21.30%	52.63%	4
2023/8/4	US$3,991.59	US$87.53	302	7	285	5	US$14.11	US$17.51	1.06	1.4	US$13.22	US$12.50	1,434	28	19.87%	17.86%	4
2023/8/5	US$3,915.03	US$107.91	297	9	291	7	US$13.69	US$15.49	1.04	1.12	US$13.19	US$11.99	1,567	30	18.25%	26.67%	4
2023/8/6	US$4,811.93	US$189.44	368	16	352	11	US$13.82	US$17.22	1.05	1.45	US$13.08	US$11.84	1,618	25	21.76%	44.00%	4
2023/8/7	US$4,499.18	US$196.47	342	13	322	9	US$13.97	US$17.86	1.05	1.44	US$13.22	US$12.04	1,926	23	21.10%	39.13%	4
2023/8/8	US$3,908.03	US$23.98	298	2	274	2	US$14.26	US$11.99	1.09	1	US$13.11	US$11.99	1,487	32	18.81%	6.25%	4
2023/8/9	US$3,491.34	US$113.89	268	11	260	11	US$13.43	US$10.53	1.03	1	US$13.09	US$11.99	1,329	38	19.56%	28.95%	4
2023/8/10	US$3,428.99	US$144.48	262	12	245	7	US$14.22	US$20.64	1.07	1.71	US$13.06	US$12.04	1,206	36	20.28%	19.44%	4
2023/8/11	US$3,497.83	US$213.32	269	18	251	10	US$13.94	US$21.33	1.07	1.8	US$13.00	US$11.85	1,209	28	20.76%	35.71%	4
2023/8/12	US$3,539.92	US$157.53	268	10	255	5	US$13.58	US$23.50	1.05	2	US$13.21	US$11.75	1,346	25	18.95%	20.00%	4
2023/8/13	US$3,433.00	US$861.55	260	5	258	5	US$13.31	US$12.31	1.01	1	US$13.20	US$12.31	1,641	25	15.72%	20.00%	4
2023/8/14	US$2,846.65	US$995.92	216	8	205	7	US$13.70	US$13.20	1.05	1.14	US$13.23	US$13.20	1,259	26	16.28%	24.14%	4
2023/8/15	US$3,216.57	US$2,224.51	243	19	218	11	US$14.75	US$20.44	1.11	1.73	US$13.24	US$13.05	1,238	24	17.61%	45.83%	4
2023/8/16	US$3,966.57	US$2,234.40	305	20	261	9	US$15.27	US$36.04	1.17	2.22	US$13.07	US$11.72	1,233	31	20.83%	29.03%	4
2023/8/17	US$3,497.96	US$177.45	266	15	246	7	US$14.22	US$29.58	1.08	2.5	US$13.16	US$11.80	1,173	31	20.97%	19.35%	4
2023/8/18	US$3,409.61	US$142.08	259	12	245	8	US$14.32	US$17.76	1.06	1.5	US$13.22	US$11.84	1,184	26	20.97%	30.77%	4
2023/8/19	US$3,807.14	US$33.98	288	2	274	1	US$13.89	US$23.98	1.05	2	US$13.22	US$11.99	1,333	29	20.56%	5.00%	4
2023/8/20	US$4,422.29	US$12.59	335	1	328	1	US$13.48	US$12.59	1.02	1	US$13.20	US$12.59	0	0	0.00%	0.00%	0

四、实训任务

（一）任务介绍

请选择亚马逊平台某一个 Listing 进行内容运营分析。主要分析内容有：该 Listing 是由哪些部分组成？该 Listing 的优势是什么？该 Listing 还存在哪些问题？该 Listing 如何优化提升？请将以上内容制作成 PPT。

（二）任务开展与评价

完成 PPT 后，在同学中寻找一位合作伙伴，与小伙伴相互展示 PPT，并与小伙伴进行相互宣讲、相互打分和相互点评；学习委员将 PPT 和打分点评记录收集起来，交给老师检查。

评分标准如表 3-3。

表 3-3　亚马逊 Listing 分析评分表

序号	评分标准	评分分值	得分	点评
1	PPT 美观，符合汇报的基本要求	20		
2	案例内容包含任务要求	40		
3	案例分析包含个人观点	20		
4	思路清晰，逻辑合理	20		
总计		100		

任务三
跨境电商站外内容运营

一、站外内容运营的基础

跨境电商站外内容运营涉及的渠道多、范围广，需要从业人员具备较强的综合素质。要做好跨境电商站外内容运营，需要具备以下几个基础能力。

（一）内容编辑能力

内容编辑是内容运营从业者最基本的要求，包括确定内容形态（文案、图文、音频、视频等）和内容方向（偏娱乐性、偏理性分析等）。

从流程上，内容编辑可以分为4个步骤。

1. 选题策划

选题是内容编辑最重要的部分，必须思考选题的范围、体裁以及表达的主要中心思想，要与当前公司推广主题、推广的产品和消费者兴趣等相关。

2. 资料收集、整理

根据选题查找相关文字、图片、音频和视频等资料，并且按照类别分类，便于后续使用。

3. 内容加工生产

不同的内容形态（文案、图文、音频、视频等）在加工生产过程使用的工具不同，但内容加工的思路是类似的。需要确定好内容大纲，再进行创作。

大纲相当于内容的骨骼，大纲确定后，内容的雏形就出来了，剩下的工作就是去找素材，把内容丰富起来，在骨骼上覆盖肌肉，直至整个内容完全成型。有了大纲，即使在内容创作的过程中思路被打断，再进行的时候也知道该放什么素材，保证紧扣主题。

例如，写软文，就是从文章标题、内容描述以及配图上下功夫，包括爆款标题技巧、文案写作技巧、高清配图的搭配等，还可以对一些已有的10W+爆款文章进行二次加工。

4. 内容组织和呈现

内容运营岗位切忌只埋头生产内容而不懂得分发。内容分发的核心目标是要建立内容消费路径，从而提高内容运转的效率。

内容分发的三要点如下。

（1）列出主流媒体发布平台，进行等级分类（需要了解各平台的相关政策），从中选出最合适的发布渠道。所谓的合适，不能一味地追求高阅读量，尤其不要盲目地只盯着 Google、Facebook 和 Tiktok，虽然这几个平台用户基数大，但有时候效果往往比不上很多垂直门户。还要根据投入精力、投入/产出比、私域导流难易度、用户互动、活跃度等，通过复核维度来挑选。

（2）测试，通过一定时间的数据测试，根据数据反馈情况再来进一步地筛选确定发布平台。

（3）预留"钩子"，无论是在垂直门户网站还是搜索引擎、论坛、视频网站等，在任何一个公域流量池中都要学会留有"钩子"，只有这样才能实现长期有效的引流。

（二）数据分析能力

数据分析是每个内容运营者的必备技能，通过数据可以看出当前工作的成效、未来调整优化的方向。以写软文为例，如果阅读量低但是阅读完成度高，通常可以判定为标题有待提升但内容质量较高；如果阅读量高但开头跳出率高，通常就是标题过分夸大、不匹配内容，导致读者看完开头就放弃了阅读。

（三）复盘和快速学习能力

对内容运营来说，每一次的文章和视频发布都是一次试验，如果数据不理想就要及时反思问题出在哪个环节，例如，标题的起法、行文的结构、结尾的转化等，争取下次不要犯同样的错误，所以复盘是有必要的。建议每天进行一次复盘，每周做总结，每月、每季度进行回顾整理，发现规律，对内容进行优化迭代。

内容运营是一个对知识面要求很广的岗位，互联网瞬息万变，每天都有新的事情发生，内容运营要不断学习新知识，及时了解最近发生的热点，给读者提供他们想看的信息。在内容运营岗位的进阶过程中，也要不断思考，不断总结，才能打造出最适合自己的一套运营方法论。

二、站外内容运营的策略

跨境电商站外内容运营核心的诉求是销售产品，靠内容驱动的产品销售路径可以大致分为冷启动策略和热启动策略。冷启动策略聚焦用户痛点来打造新品；热启动策略强调以原有的技术和产品进行市场运营，具体包括单品策略、多品策略和生态策略。

（一）冷启动策略

冷启动策略以全新的技术和产品冲击用户和市场。具体来说，冷启动策略是指围绕用户痛点，找到解决方案，进而推出体验良好的产品和服务，然后通过关键用户的口碑传播引爆市场，在品类中成为龙头。冷启动策略是跨境电商领域知名的内容运营策略。

运用冷启动策略，需要关注以下 3 个环节。

1. 寻找用户痛点

可以通过专业细分的用户社区，从社区用户的反馈中找到冷启动策略的突破口。例如，知乎是国内知名的用户问答社区，社区力求通过认真、专业的知识问答来构建友善的氛围；国外类似的平台是 Quora，用户在平台上分享知识、经验和见解。找到了用户痛点，企业就可以基于自身研发实力，推出体验良好的产品和服务。

2. 社交推广

有了崭新的、体验良好的产品和服务，冷启动策略还需要进行产品和服务推广。社交推广是当前跨境电商最热门的营销方法，可以根据社交媒体属性制定对应的推广方法，常见的推广方法包括 PGC（Professionally Generated Content，专业生产内容）、UGC 和 PUGC（PGC 和 UGC 相结合的内容生产模式）。例如，优酷主要是 PGC 模式，抖音、小红书主要是 UGC 模式，喜马拉雅是典型的 PUGC 模式，而国外 UGC 模式代表性平台为 TikTok、Instagram、YouTube、Twitter 等。

3. 针对性推广

口碑传播是冷启动策略的关键一环，针对性推广可以让口碑传播事半功倍。针对性推广需要确定内容的分发机制，即分类/推荐机制，典型的有"带标签的信息流"，如今日头条的信息流，是根据个性化推荐算法来进行内容的推送。另外，还有分类专题，如喜马拉雅则是通过内容分类方便用户使用。

（二）热启动策略

1. 单品策略

单品策略指一个跨境电商企业集中自身的优势资源打造一个潜力产品，在某个方面（外观、价格、服务等）形成行业优势，同时形成良好的口碑，从而打开市场，取得良好的营销效果，并起到推广品牌的作用。

单品策略尤其适合自身实力有限的小微企业，以有限的资源打造极致单品，以爆品打开局面，为企业后续发展打下基础。

单品策略不一定适合每一个品牌，要做好单品策略不仅需要在某个方面形成行业优势，还需要考虑行业特性、技术壁垒、用户定位、平台特点和供应链保障等方面。例如，某品牌的某款网红单品一周内销售了 10 万单，结果该企业的供应链直接瘫痪、无法补单，从而造成跨境电商平台断货，最终导致单品策略的失败。

2. 多品策略

多品策略是在单品的基础上，再进一步扩展覆盖品类，并不断扩展内容边界，内容形式也从单一性向多元化发展（例如，由文字过渡至音频、视频等），从而提升用户体验，获取更多流量，扩大商业化价值。

多品策略的核心并不是品类的扩展，而是更多内容的整合。其 UGC 的内容生产机制必然是带有一定的激励性质，通过用户激励打磨出高效、高品质的内容。

除了整合各类内容，多品策略另一个关键点就是内容的分发机制。今日头条最大的核心点就是推荐机制，基于用户规模的扩大，不断增加个性化算法推荐，让用户看到自己想看的内容。

3. 生态策略

生态策略是跨境电商企业打造一个包含核心产品、辅助产品、服务、技术和第三方合作等多个要素的综合系统，这些要素共同构成了一个为用户提供基础服务、增值体验和周边服务的生态系统。生态系统比较适合实力强劲的大型跨境电商企业，这些企业利用自身的雄厚资源和行业影响力，打造一个以本企业为核心的综合生态系统，实施生态策略。

在实施生态策略的过程中，理解和满足用户需求是构建生态系统的基础，要让用户在生态系统内像种子一样自由生长，不仅可以购物、消费，还可以交友、娱乐等；满足用户各种生态需求、构建高效生态系统的关键是开放和创新，通过开放创新的平台和标准，吸引更多的用户和合作伙伴加入，构建用户、合作伙伴和平台之间的生态关系，共同推动生态系统的发展，保持生态系统的活力和竞争力。

以上策略，很多时候未必只能做单一选择，很多大的内容型产品通常会在发展的不同阶段选择以不同的策略为主，所以内容运营者对这几个策略都应该掌握。

三、站外内容运营的关键指标

跨境电商站外内容运营会产生很多数据，应着重掌握 5 类指标，分别是拉新指标、活跃指标、留存指标、转化指标和传播指标。

（一）拉新指标

拉新也称获客，是内容运营第一步。如果没有用户，就谈不上运营。用户接触到内容的推送，必须经过"打开"才能产生真正的互动。如果没有打开，无论文章、视频的内容多么精美、与产品的衔接多么巧妙，都不可能有打动用户的机会。所以，文字内容运营者都需要锻炼自己撰写爆款标题、图文混排等能力，短视频运营者则需要想办法在开场白时以最短的篇幅吸引用户。拉新阶段需要重点关注的指标是每日新增用户数（DNU）。

（二）活跃指标

新增用户经过沉淀转化为活跃（Activation）用户。这时，需要关注活跃用户的数量以及用户使用频次、停留时间的数据。

1. 日活跃用户数（DAU），指每日登录过 App 的用户数，活跃用户的计算是排重的。

2. 周活跃用户数（WAU），指最近 7 日（含当日）登录过 App 的用户数，一般按照自然周计算。

3. 月活跃用户数（MAU），指最近一个月即 30 日（含当日）登录过 App 的用户数，一般按照自然月计算。

4. 日均使用时长（DAOT），指每日总计在线时长/日活跃用户数。

5. DAU/MAU，指日活跃用户数与月活跃用户数的比值。通过 DAU/MAU 可以看出用户每月访问 App 的平均天数是多少。这是评估用户黏性的一个比较重要的指标。

（三）留存指标

1. 留存率

留存率（Retention）指某段时间的新增用户数，记为 A，经过一段时间后，仍然使用的用户占新增用户 A 的比例即为留存率。

留存率一定程度上反映了作品内容的质量，而了解读者离开内容的时间和原因，对于洞察用户的内容偏好至关重要。

留存率可以细分为以下几个指标。

（1）次日留存率（Day 1 Retention Ratio），指日新增用户在+1 日登录的用户数占新增用户的比例。

（2）三日留存率（Day 3 Retention Ratio），指日新增用户在+3 日登录的用户数占新增用户的比例。

（3）七日留存率（Day 7 Retention Ratio），指日新增用户在+7 日登录的用户数占新增用户的比例。

注意，计算留存率时，新增当日是不被计入天数的，即留存用户指的是新增用户第 1 天、第 3 天和第 7 天的留存。

2. 流失率

流失率（Churn Ratio）指统计时间区间内，用户在不同的时期离开 App 等应用的情况。

流失率可以细分为以下几个指标。

（1）日流失率（Day 1 Churn Ratio），统计日登录 App，但随后 7 日未登录 App 的用户占统计日活跃用户的比例。

（2）周流失率（Week Churn Ratio），上周登录过 App，但是本周未登录过 App 的用户占上周周活跃用户的比例。

（3）月流失率（Month Churn Ratio），上月登录过 App，但是本月未登录过 App 的用户占上月月活跃用户的比例。

（四）转化指标

站外内容运营核心是转化，这需要让用户感受到内容的输出是高价值且持续的，需要内容账号精准定位，并且有稳定的更新频率。

例如，微信公众号软文中广告链接的访问，抖音合作视频中对商铺的点击，都可以视作内容的转化。

转化指标主要包括付费率（Pay Users Rate，PUR）、活跃付费用户数（Active Payment Account，APA）、客单价（Average Revenue Per Use，ARPU）、平均每付费用户收入（Average Revenue Per Paying User，ARPPU）、生命周期价值（Life Time Value，LTV）等。

（1）付费率，指付费用户数占活跃用户的比例。

（2）活跃付费用户数，指在统计时间区间内，成功付费的用户数，一般按照月计，在国际市场也称作 MPU（Monthly Paying Users）。

（3）客单价，即平均每用户收入，在统计时间内，活跃用户产生的平均收入，一般以月计，是主要考核的指标。

（4）平均每付费用户收入，指在统计时间内，付费用户产生的平均收入。一般以月计。

（5）生命周期价值，指用户在生命周期内创造的收入总和，可以看成一个长期累积的 ARPU。

（五）传播指标

传播也叫推荐、自传播、口碑传播或者病毒式传播，其中有一个重要的指标是 K 因子。

K 因子的计算公式如下。

K =（每个用户向他的朋友们发出的邀请的数量）×（接收到邀请的人转化为新用户的转化率）。

假设平均每个用户会向 20 个朋友发出邀请，而平均的转化率为 10%，则 K = 20×10% = 2。

当 K>1 时，用户群就会像滚雪球一样增大。当 K<1 时，用户群到某个规模时就会停止通过自传播增长。

传播分享可以扩大内容的影响力，这正是各类"爆款"内容引起病毒式传播后带来巨大效益的原因。无论是蜜雪冰城靠着一首"甜蜜蜜"之歌风靡全网，还是网易云音乐"村民证"事件营销，都依靠强大的社交属性让内容发挥了最大的价值。内容是否具有传播力，是内容运营者应当考虑的。另外，绝大部分 App 还不能完全依赖于自传播，还必须和其他营销方式结合。

四、实训任务

（一）任务介绍

请结合本任务所介绍的站外内容运营策略的理论知识，找一个电商领域的案例进行分析，案例分析内容包括案例背景、拟实现目标、实现途径、实施关键、最终结果、经验启示等方面。

完成案例分析后，将相关内容制作成 PPT。

（二）任务开展与评价

完成 PPT 后，在同学中寻找一位合作伙伴，与小伙伴相互展示 PPT，并与小伙伴进行相互宣讲、相互打分和相互点评；学习委员将 PPT 和打分点评记录收集起来，交给老师检查。

评分标准如表 3-4。

表 3-4　跨境电商站外内容运营策略分析评分表

序号	评分标准	评分分值	得分	点评
1	PPT 美观，符合汇报的基本要求	20		
2	案例分析包含指定内容	40		
3	案例分析包含个人观点	20		
4	思路清晰，逻辑合理	20		
总计		100		

巩固练习

一、不定项选择题

1. 一般来说，内容运营有 3 个特征，分别是（　　）。

A. 传播渠道是内容运营的桥梁　　B. 内容运营的效果依赖于运营者的创意

C. 内容运营能够很快获得成果　　D. 内容运营注重长期效果

2. 内容运营岗位需要的能力包括文字表达能力和（　　）等。

A. 热点跟进能力　　　　　　　　B. 用户洞察能力

C. 资源整合能力　　　　　　　　D. 数据分析能力

3. 跨境电商内容运营的作用，分别是（　　）。

A. 提升品牌形象　　　　　　　　B. 提高产品质量

C. 提高用户体验　　　　　　　　D. 提升转化率

4. 内容运营数据的分析可以从 3 个维度进行，分别是（　　）。

A. 拉新　　　　　　　　　　　　B. 留存、促活

C. 转化　　　　　　　　　　　　D. 图表化

5. 常见的关键词类型一般有（　　）和长尾词。

A. 核心词　　　　　　　　　　　B. 品牌词

C. 属性词　　　　　　　　　　　D. 营销词

6. 跨境电商站内内容运营的策略，包括构建完整的内容体系和（　　）。

A. 测试和优化　　　　　　　　　B. 发挥 UGC 的作用

C. 深入了解用户需求　　　　　　D. 合作推广

7. 跨境电商销售额与 3 个指标正相关，分别是（　　）。

A. 流量　　　　　　　　　　　　B. 页面浏览量

C. 转化率　　　　　　　　　　　D. 客单价

8. 简单地说，要做好跨境站外内容运营，需要具备以下 3 个基础能力，分别是（　　）。

A. 内容编辑能力　　　　　　　　B. 数据分析能力

C. 复盘和快速学习能力　　　　　D. 文案写作能力

9. 跨境电商站外内容运营核心的诉求是卖产品，靠内容驱动的产品其演化路径可以大致分为（　　）。

A. 冷启动策略　　　　　　　　　B. 单品策略

C. 多品策略　　　　　　　　　D. 生态策略

10. 跨境电商站外内容运营会产生很多数据，需要着重掌握的指标分别是：拉新指标和（　　）。

A. 活跃指标　　　　　　　　　B. 留存指标

C. 转化指标　　　　　　　　　D. 传播指标

二、讨论题

你认为在亚马逊平台站内内容运营主要应该做好哪些工作？

项目四　跨境电商新媒体运营

【知识目标】

1. 熟悉跨境电商新媒体运营的概念和内涵；
2. 熟悉常见的跨境电商新媒体平台；
3. 掌握跨境电商新媒体运营的岗位和能力要求；
4. 熟悉跨境电商直播运营团队的人员构成；
5. 掌握跨境电商短视频营销的方法。

【技能目标】

1. 能够组建跨境电商直播运营团队；
2. 能够进行跨境电商短视频营销；
3. 能够进行 TikTok 跨境电商直播；
4. 能够进行国际站直播。

【素质目标】

1. 培育学生与时俱进的能力；
2. 培养学生不断学习的能力；
3. 培养学生团队协作的能力；
4. 培养学生语言表达的能力。

任务一
跨境电商新媒体运营的认知

《周易·乾·文言》中提出："终日乾乾，与时偕行。"意思是君子终日勤勉努力，和时间一起前进，永不停止。

这句话较早体现了与时俱进的思想，同样，跨境电商运营也需要与时俱进，从过去的报刊、广播、电视，到现在的社交媒体、直播平台、视频平台、音频平台、自媒体平台、问答平台、百科平台、论坛……从 Web1.0 到 Web3.0，跨境电商运营者必须与时俱进，跟上当前媒体的变化，才能做好跨境电商运营。

一、新媒体认知

（一）新媒体的概念

联合国教科文组织对新媒体下的定义是"以数字技术为基础，以网络为载体进行信息传播的媒介"。严格地说，新媒体应该称为数字化新媒体，它涵盖了所有数字化的媒体形式，包括所有数字化的传统媒体、网络媒体、移动端媒体、数字电视等。在互联网时代，新媒体包括博客、Wiki（维基，多人协作的写作系统）、在线社交媒体、虚拟世界和其他社交媒体平台等，具体而言，Web 2.0 时代的新媒体以论坛、博客为代表，Web 3.0 时代的新媒体以社交媒体为代表。

 知识拓展

从 Web 1.0 到 Web 3.0

在 2006 年 11 月的 Technet 峰会上，Netflix（网飞）创始人 Reed Hastings 阐述了定义 Web 术语的简单公式："Web 1.0 是拨号上网，平均 50K 的带宽；Web 2.0 是平均 1M 的带宽；Web 3.0 是平均 10M 的带宽，全视频的网络。"

从 Web1.0 到 Web2.0 是互联网的一次划时代的飞跃。一方面，互联网上的内容提供者不单纯是"官媒"，几乎每个人，只要拥有一个账号，便能够将自己的观点、见闻、照片"公之于众"，在 Web 2.0 时代，互联网上内容呈现出爆发式的增长；另一方面，大众开始有权利、有机会参与社会生活中大大小小的见闻时政的讨论，也就是说，Web 2.0 将互联网和普通网民的日常生

活联系起来。

由于智能终端（尤其是智能手机）在普通人群中大量普及，几乎每个人都能随时随地从互联网上获取有用的或感兴趣的信息，同时参与社交。更重要的，人们会有意识或无意识地发布个人的位置信息，使用与社会活动密切相关的服务，这样的变化不仅仅是 Web 2.0 的发展，更代表一个互联网的新时代——Web 3.0！什么是 Web 3.0 呢？它不仅仅是 Web 1.0 的简单内容获取与查询，也不单纯是 Web 2.0 的大众参与和内容制造，更是互联网与人们日常生活的大融合。

（二）新媒体与传统媒体对比

新媒体所呈现的内容较为灵活、多变，可及时更新，用户可及时评论、互动性强，可及时、实时进行人气指数测评，可访问历史数据资料，可进行多种媒体的融合，个人可进行信息发布，拥有海量的资讯，鼓励用户分享和参与，无论对于信息发布和获取都相对自由；而传统媒体则有所不同。两者的对比分析详见表4-1。

表4-1　新媒体与传统媒体对比分析

传统媒体	新媒体
固定，难以及时更新	灵活、多变、可及时更新
评论受限，非及时	可及时评论、互动性强
延时排行榜	实时人气指数测评
较难访问历史数据资料	可访问历史数据资料
媒体融合受限	多种媒体的融合
权威发布	个人可进行信息发布
有限的资讯	海量的资讯
不便于即时分享	鼓励分享和参与
信息发布和获取受限	信息发布和获取都相对自由
非持续性内容输出	持续内容输出

（三）新媒体输出内容的形式

1. 新媒体输出内容的3种形式

新媒体的持续内容输出，是其区别于传统媒体的重要特征。新媒体进行持续内容输出的3种基本形式是 UGC、PGC 和 OGC。

UGC常见于个人自媒体，是伴随着Web2.0而兴起的，也可叫作UCC（User-created Content），它主要通过激励用户生产内容，通过互联网平台进行展示或者传播。随着互联网的发展，网络用户的交互作用得以体现，用户既是网络内容的浏览者，也是网络内容的创造者。UGC是一种用户使用互联网的新方式，即由原来的以下载为主变成下载和上传并重。

PGC，也称PPC（Professionally Produced Content）。例如，传统广播电视从业者按照几乎与电视节目无异的方式制作内容，再通过互联网进行传播。优酷土豆是较早在PGC领域发力的视频网站之一，"合力成就、快乐分享"就体现了网站的分享精神，努力让PGC内容合伙人参与，并建立起完善的PGC生态系统。

OGC（Occupationally Generated Content），职业生产内容，指职业作者向视频网站、新闻网站等媒体提供相应内容，例如，媒体的记者、编辑，凭借新闻专业背景，以写稿为职业领取报酬。此外，医生、老师、律师都可以凭借自己的经验来撰写与职业相关的稿件，生产OGC相关内容。有很多平台（例如，知乎、微博、百度等），都会专业生产OGC内容，在这些平台，无论是行业小白还是行业老手都可以查询职业相关问题，也可以分享自己的经验。

2. 新媒体输出内容的3种形式之间的关系

UGC中的部分内容可以转为PGC，而PGC中的部分内容又可以成为OGC，这三者之间既有密切联系又有明显的区别，关系如图4-1所示。

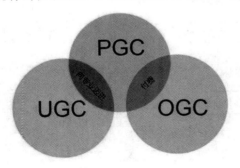

图4-1 新媒体输出内容的三种形式

（1）PGC和UGC

PGC主要由团队来打理、制作，UGC主要由个体生产，所以PGC一般要比UGC制作更精致、效率更高，也更权威。

PGC和UGC的交集部分，是指部分专业内容生产者，既是某平台的用户，也以专业身份（专家）贡献具有一定水平和质量的内容，如新媒体平台的KOL、科普作者。

（2）PGC 和 OGC

PGC 和 OGC 的区别，是以是否有报酬作为边界。PGC 出于爱好生产内容，OGC 的内容创作属于职业行为，内容创作者基于生产的内容领取报酬。

PGC 和 OGC 的交集部分，指一部分内容生产者既有专业身份（或资质、学识），也以提供相应内容为职业，并领取报酬。

（3）UGC 和 OGC

一般情况下，UGC 和 OGC 是没有交集的，在一个平台上，用户和生产商总是相对的。两者之间，即是平台用户又是生产商的情况也可能有，但是属于极个别情况。

（四）新媒体的特点

新媒体呈现 6 个主要特征，如图 4-2 所示。

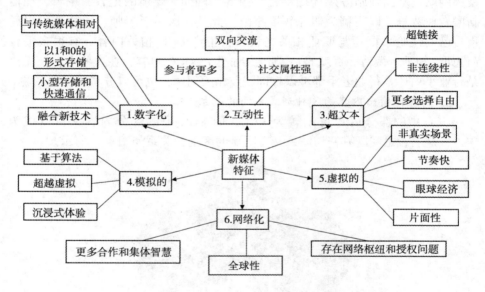

图 4-2　新媒体的特征

1. 数字化

数字化新媒体所生产的相关内容在计算机中以 1 和 0 的二进制数字形式存储；数字化特点允许新媒体进行小型存储和快速通信；数字化特点也允许新媒体融合新的数字技术。

2. 互动性

与传统媒体相比，参与新媒体的用户更多，参与性已经成为新媒体的一种文化；传统媒体的交流是单向的，新媒体的交流更多情况下是一个双向的过程。

3. 超文本

超文本就是用超链接的方法，将各种不同空间的文字信息组织在一起的网状文本。当前超文本普遍以电子文档的方式存在，其中的文字可以链接到其他位置或者文档，允许从当前阅读位置直接切换到超文本链接所指向的位置，具有非连续性，允许人们有更多选择的自由。

4. 模拟的

基于算法的新媒体可以为参与者带来沉浸式体验。虚拟现实（VR）技术和增强现实（AR）技术的进步为新媒体开辟了新的可能性，观众可以身临其境地体验新媒体的场景，提高了新媒体的真实性和吸引力。

5. 虚拟的

虽然新媒体可以带来身临其境的效果，但这种效果毕竟是虚拟的，不同于我们面对面看到的真实场景；同时，这种虚拟的新媒体场景不仅节奏快，而且追求眼球经济，有一定的片面性（在虚拟的场景中，人们倾向于展示对自己有利的内容）。

6. 网络化

网络化的新媒体带来了更多的合作和集体智慧，而且呈现出全球性的特点，但是网络化存在网络枢纽和授权等问题。

二、跨境电商新媒体运营现状

在新一代信息技术快速发展的催化下，媒体逐步出现了以"线上与线下、信息与消费"融合发展的趋势，包括直播、短视频在内的以数字技术为支持的媒体形式快速发展，其中跨境电商直播的形式快速迭代。

中国电商新媒体蓬勃发展。根据第 51 次《中国互联网络发展状况统计报告》，截至 2022 年 12 月，中国电商直播用户规模达 5.15 亿，较 2021 年 12 月增长 5105 万，占整体网民规模的 48.2%。电商直播业务成为传统电商平台营收的重要抓手。以阿里巴巴电商直播数据为例，2022 年"双 11"期间，62 个淘宝直播间成交额过亿元，632 个淘宝直播间成交额在千万元以上，新主播成交额同比增长 345%。短视频平台对电商直播业务的探索初见成效。以 2022 年"双 11"期间为例，抖音电商参与"双 11"活动的商家数量同比增长 86%，7667 个直播间销售额超过百万元；快手参与活动的买家数量同比增长超过 40%。

随着中国新媒体的快速发展，国外的一些社交媒体和跨境电商平台也相继推出了直播带货等新媒体营销功能。吸引众多电商参与，由此，通过跨境电商直播实现海内外双向出货。例如，TikTok 全球的月活用户超过 10 亿，其电商销售覆盖地区广泛集中在亚洲、欧洲、北美洲、南美洲及大洋洲等地区，TikTok 成为主流跨境电商直播平台。

三、跨境电商新媒体认知

（一）跨境电商新媒体平台

根据咨询机构 Kepios 在 2023 年 7 月的报告，全球共有 48.8 亿人活跃在社交媒体等新媒体上，占全球人口的比例已经达到 60.6%。

根据 Statista 在 2023 年 9 月的统计数据，按月活跃用户数量排名的社交媒体如表 4-2 所示。尽管新媒体的种类及受众广泛且多样化，但较受欢迎的社交媒体集中于美国、中国、阿联酋的几家公司，其中科技巨头 Meta 最为突出，拥有被广泛使用的 15 个社交媒体中的 4 个——Facebook、WhatsApp、Instagram 和 Messenger。

表 4-2 按月活跃用户排名的社交媒体（2023 年 9 月）

排名	社交媒体	公司	国家	月活跃用户（亿）
1	Facebook	Meta	美国	29.58
2	YouTube	Google	美国	25.14
3	WhatsApp	Meta	美国	20
3	Instagram	Meta	美国	20
5	WeChat	腾讯	中国	13.09
6	TikTok	字节跳动	中国	10.51
7	Facebook Messenger	Meta	美国	9.31
8	抖音	字节跳动	中国	7.15
9	Telegram	Telegram	阿联酋	7
10	Snapchat	Snap	美国	6.35
11	快手	快手	中国	6.26
12	微博	新浪	中国	5.84
13	QQ	腾讯	中国	5.74
14	Twitter	Twitter	美国	5.56
15	Pinterest	Pinterest	美国	4.45

（二）跨境电商相关的新媒体平台介绍

作为近年来跨境电商领域迅速崛起的新业态，跨境电商新媒体平台已经成为跨境电商最火的营销方式，以下简单介绍表4-2中的几个国际性平台。

1. Facebook（脸书）

作为表4-2中月活跃用户排名第一的社交媒体平台，Facebook由马克·扎克伯格等人创立于2004年2月4日，总部位于美国加利福尼亚州帕拉阿图。

Facebook为用户提供了一个连接全球的线上社交空间，让用户分享生活、交流信息和发现新的兴趣爱好；Facebook的大数据能精确推送身边认识的人，根据用户过往的操作推荐可能感兴趣的人；Facebook鼓励用户分享自己的生活日常，而且提倡高质量的内容分享，不仅要求文本优质，也强调视觉吸引力。用户可以在Facebook上通过社交引流，然后开店；同时，Facebook庞大的用户群体也是跨境电商营销的推广舞台。Facebook的用户涵盖各年龄层。根据Facebook公司发布的报告，2023年4月，Facebook在各年龄层的用户结构如下：13岁至17岁之间的用户为1.094亿（占Facebook用户总数的4.9%）、18岁至24岁之间的用户为5.082亿（占Facebook用户总数的22.6%）、25岁至34岁之间的用户为6.685亿（占Facebook用户总数的29.6%）、35岁至44岁之间的用户为4.254亿（占Facebook用户总数的19.0%）、45岁至54岁之间的用户为2.533亿（占Facebook用户总数的11.3%）、55岁至64岁之间的用户为1.587亿（占Facebook用户总数的7.1%）、65岁及以上用户为1.233亿（占Facebook用户总数的5.6%）。

2. YouTube（优兔）

作为表4-2中月活跃用户排名第二的社交媒体平台，YouTube由查德·赫利、陈士骏等人创立于2005年2月，2006年11月，YouTube被Google公司收购。

YouTube是一个视频网站，让用户下载、观看及分享影片或短片，用户可以通过制作视频内容上传到平台，利用播放量来获取收益，也可以通过视频内容进行直接的商业推广。

根据YouTube在2023年4月发布的报告，YouTube用户的地区分布前十名为：印度拥有4.67亿月活跃用户，美国拥有2.46亿月活跃用户，巴西拥有1.42亿月活跃用户，印度尼西亚拥有1.39亿月活跃用户，墨西哥有8180万月活跃用户，日本有7840万月活跃用户，巴基斯坦拥有7170万月活跃用户，德国有7090万月活跃用户，越南有6300万月活跃用户，土耳其拥有5790万月活跃用户。

YouTube的用户涵盖各年龄阶层的用户。根据YouTube公司在2023年4

月发布的报告，其各年龄层的用户结构如下：3.797 亿年龄在 18 至 24 岁之间的用户（占 YouTube 用户总数的 15.0%）、5.225 亿年龄在 25 岁至 34 岁之间的用户（占 YouTube 用户总数的 20.7%）、4.22 亿年龄在 35 岁至 44 岁之间的用户（占 YouTube 用户总数的 16.7%）、3.03 亿年龄在 45 岁至 54 岁之间的用户（占 YouTube 用户总数的 12.0%）、2.222 亿年龄在 55 岁至 64 岁之间的用户（占 YouTube 用户总数的 8.8%）、2.277 亿 65 岁及以上用户（占 YouTube 用户总数的 9.0%）。

3. WhatsApp

作为表 4-2 中月活跃用户排名第三的社交媒体平台，WhatsApp 公司于 2009 年 2 月 24 日成立，2014 年 2 月，WhatsApp 公司被 Facebook 收购。

WhatsApp Messenger（简称 WhatsApp）是一款用于智能手机之间通信的应用程序，支持 iOS 和 Android 系统。WhatsApp 通常可免费试用一年，往后需付年费。此外，WhatsApp 无隐藏费用、无国际性收费。

作为全球知名的即时通信 App，WhatsApp 提供了多种功能和服务，例如文字聊天、语音通话、视频通话、文件传输、分享地址、交换联系人信息、精确的信息编发时间记录、电邮聊天记录等，用户可以根据自己的需求选择合适的功能进行交流和沟通，这也使得用户在 WhatsApp 上的活跃度更高。此外，WhatsApp 还支持多人群聊和社交分享功能，用户可以与亲朋好友、同事等多个群体进行交流和分享，进一步增加了用户的活跃度。

根据傲途发布的报告，截至 2023 年，全世界有 5000 万家企业使用 WhatsApp。73% 的 WhatsApp 用户使用安卓手机登录，22% 的用户使用苹果手机。WhatsApp 服务覆盖全球 180 多个国家和地区：印度拥有全世界最高的 WhatsApp 月活数——5.35 亿，其他排在前列的国家依次为巴西、美国、印度尼西亚、菲律宾和墨西哥等。

4. Instagram（照片墙）

作为表 4-2 中月活跃用户排名并列第三的社交媒体平台，Instagram（照片墙，简称 ins）于 2010 年由美国的凯文·斯特洛姆等人创立。

Instagram 是一个将随时抓拍下的图片进行分享的社交平台，为用户提供了一个展示自己、交流想法的机会，平台独特的滤镜效果、方便的分享功能、高互动性使得平台备受欢迎。此外，Instagram 还提供了关注、推荐和热门话题等功能，帮助用户发现更多有趣的人和事。

Instagram 帖子的排序受到"用户对内容感兴趣的可能性""发布日期""与发帖人的过往互动"等因素的影响。参与度是 Instagram 算法的关键排名因素，内容所收到的点赞、评论、评论点赞、内容收藏、DM（Direct

Message，私信）回复和通过 DM 发送的次数越多，算法对其赋予的权重就越大。

Instagram 的营销遵循"3R 原则"：一是相关性（Relevance），在 Instagram 平台进行网红营销，与平台头部 KOL 合作的营销效果通常会逊色于垂直领域的 KOL；二是发布频率（Recency），低频次重磅内容发布的效果，不敌多次系列发帖、与用户建立长期链接；三是共鸣（Resonance），即用户反馈，以网红营销为例，不少品牌方以 KOL 发帖提及的品牌次数作为考核指标，但考虑到虚假转发和虚假账户的存在，帖子的互动次数、互动方式等指标其实更有含金量。

5. TikTok（抖音国际版）

作为表 4-2 中月活跃用户排名第六的社交媒体平台，TikTok 于 2016 年正式发布，其创始人是中国企业家张一鸣，TikTok 最初是在中国市场上推出的短视频应用程序抖音（Douyin），随后，抖音被推广到海外市场，并以 TikTok 的名字在国际上取得了巨大成功。

TikTok 是一款短视频社交平台，它可以帮助用户制作出有趣的短视频；通过短视频进行社交和引流之后，用户可以在 TikTok 上开店，进行高效的跨境电商营销；TikTok 还提供了一些商业工具，帮助用户更好地经营和推广店铺。

和其他国外本土社交媒体平台的算法不同，TikTok 是一个强兴趣导向的平台。该平台在海外市场的排序影响因素主要有 3 个：用户互动（衡量指标包括用户点赞、分享、评论等的频次）；视频信息（标题、标签等细节）；账户信息（语言偏好、地域信息和设备类型），这一因素所占权重比前两个要小很多。值得注意的是，以上这 3 类数据指标会被 TikTok 算法系统统一处理，分别加权。兴趣指标会比地域指标获得更高的权重，受众是否从头到尾看完一个视频，会比受众与发布者是否来自同一个国家或地区权重更大。

根据 Fastdata 发布的《2023 年度上半年 TikTok 生态发展白皮书》，截至 2023 年 6 月，TikTok 全球下载量超过 35 亿次：美国是全球 TikTok 用户最多的国家，拥有超过 1.5 亿用户；印度尼西亚紧随其后，拥有 1.13 亿用户。在商业发展方面，TikTok 成为全球首个单季度用户消费超过 10 亿美元的应用程序。TikTok 广告业务迅速扩张，美国和英国成为广告收入的主要贡献国。带货直播成为 TikTok 重要推动力，2023 年上半年，TikTok 带货直播时长和观看人次最多的国家是印度尼西亚，其次是越南和泰国。

6. Twitter（推特）

作为表 4-2 中月活跃用户排名第十四的社交媒体平台，Twitter 由杰克·

多西（Jack Dorsey）等人在 2006 年创立，2022 年 10 月，Twitter 被埃隆·马斯克收购。

Twitter 是一家美国社交媒体及微博客服务的公司，致力于服务公众对话。它可以让用户更新不超过 140 个字符的消息（除中文、日文和韩语外已提高上限至 280 个字符），这些消息也被称作"Tweet（推文）"，Twitter 被形容为"互联网的短信服务"。

Twitter 的特点是新近性至上，强标签导向。一是新近性至上，指发布推文的时机至关重要，即时发布的内容，Twitter 会着重将它往前排。多种媒体形式优先。如果一篇推文搭配了多种媒体形式，例如，视频、GIF 动图、投票等，Twitter 的算法会将该推文推送给更广泛的受众。平台推断这类"多媒体"推文会比纯文本的推文获得更多的用户参与度，所以只要主题相关、视频或者图片的大小和清晰度合适，可以在推文中运用多种媒体形式。二是强标签导向，和其他社交媒体平台不同，Twitter 的字符限制别具一格。正因为如此，所有用户都会用"#"来标记自己的推文，标签也成了非常有效的检索关键词。由于标签往往显示着热度趋势，Twitter 算法会将搜索量大的标签分享给更多用户。相关度导向明显，粉丝通过评论、转发、保存推文内容的方式和账户进行互动，会增加该账号的"相关度"得分。Twitter 算法会追踪用户的关注列表、互动情况以及地理位置，来为用户提供定制化的信息流。

根据 Twitter 公司发布的报告，截至 2023 年，美国拥有 7960 万 Twitter 用户，是 Twitter 用户数量第一的国家；日本以 5895 万推特用户排名第二；排名第三位的国家为印度，用户数量为 2360 万；巴西以 1905 万用户位居第四；印度尼西亚以 1845 万用户排名第五；英国 1840 万用户排名第六；土耳其使用推特应用程序的用户为 1610 万，排名第七。在全球性别人口统计数据方面，推特使用用户多为男性，全球 66% 的推特用户都是男性，而女性只有 34%。

（三）跨境电商新媒体分类

跨境电商新媒体可以分为时空计时器、空间定位器、快速计时器、慢速计时器。

时空计时器是在一个特定的时间点、主要针对一个特定位置交换相关消息的媒体形式，例如 Facebook、微信、WhatsApp；

空间定位器是指只针对一个特定位置交换相关消息的媒体形式，例如 yelp，小红书，大众点评；

快速计时器是指在当前时间点针对一个特定位置快速交换相关消息的媒体形式，一般用于严谨性的新闻以及通告，例如 Twitter；

慢速计时器是指创作者先将视频等内容上传（一般需要平台审核），然后观众才能观看和互动的媒体形式，这种媒体形式不注重时效性，例如 YouTube。

四、跨境电商新媒体运营

（一）跨境电商新媒体运营的概念

跨境电商新媒体运营，是指运用新媒体，通过内容生产与传播，吸引、维护与转化用户，并在向境外用户出口销售商品或向境内用户销售进口商品的电商模式下，进行产品推广、促进用户使用、提高用户认知的手段。

（二）跨境电商新媒体运营的目的与任务

跨境电商新媒体运营的目的：让产品营销得更好（通过推广、教育、活动等一系列手段让产品的各项数据获得提升）、生命周期更久（通过数据分析和用户行为研究让产品的功能不断完善、易用性不断提升，从而获得更久的产品生命周期）。

跨境电商新媒体运营的任务：流量建设（通过各种推广、营销等活动，提升新媒体平台流量指标）、用户维系（持续有效地推动用户的活跃与留存，发现有价值甚至高价值的用户）。

跨境电商新媒体运营的本质是通过新媒体，以优质的内容赢得客户的认可。所以，本项目的新媒体运营与项目三的内容运营也有很多相似的地方，课程内容也有一些重叠。

中国跨境电商交易规模的持续增加带来了跨境人才需求的快速增长，同时新媒体的飞速发展，也促进电子商务行业在新一轮增长时带动电商企业的人才需求变化。跨境电商与新媒体融合发展产生了新的行业——新媒体电商，即依托新媒体平台、采用新媒体传播方式进行电子商务活动的一种新业态。

（三）跨境电商新媒体运营的岗位能力分析

与传统媒体运营相比，跨境电商新媒体的运营环境和方式有很大的不同，呈现出内容化、场景化、形式多样化等特点，也衍生出了许多新型岗位。

2023 年 5 月 30 日，网经社电子商务研究中心与赢动教育共同发布了《2022 年度中国电子商务人才状况调查报告》，具体人才需求如图 4-3 所示。被调查企业中，43.56% 的企业急需主播（助理）、达人、网红方向人才；39.6% 的企业急需淘宝、天猫等传统运营人才；36.63% 的企业急需新媒体、内容创作、社群方向人才；24.75% 的企业需要数据分析与运营分析人才；18.81% 的企业需要客服、地推、销售人才。可见，电商企业越来越重视新媒体营销，特别在直播、短视频方面，新媒体运营人才不仅对电商企业至关重要，而且当前人才缺口很大。

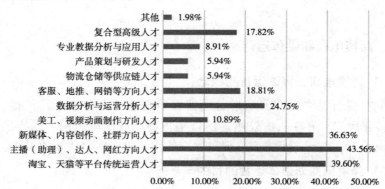

图 4-3　2022 年度中国电子商务急需人才

　　根据报告，电商企业对员工素质的具体要求见表4-3。除了基础的职业道德素质、职业能力素质和学习成长素质外，企业对员工知识能力素质的要求包括外语语言知识、市场营销知识等；企业对员工的素质要求重点体现了新媒体运营素质，包括具备用户运营、数据分析、视觉设计、音视频剪辑、文字编辑排版和营销策划等能力，而且知识能力素质中的新闻传播学、视觉传达、网络推广、市场营销等知识也与新媒体运营相关，职业道德素质中的团结协作，职业能力素质中的沟通能力、共情能力，学习与成长素质中的信息获取能力等也是新媒体运营需要的能力。

　　可见，企业需要员工是熟悉直播、短视频、社群运营业务，掌握脚本撰写、拍摄、后期剪辑等能力，以及熟悉平台的操作，熟悉大数据、人工智能等新技术、新工具，并具有较强英文水平，拥有国际视野和创新思维的复合型高素质人才。

表 4-3　电商人才素质调查表

素质维度	素质指标	指标解释
职业道德素质	政治意识	政治思想信念、政治观点以及对于政治现象的评价
	社会责任感	对集体、社会以及他人所承担的伦理道德关怀
	爱岗敬业	喜爱、认真对待工作
	团结协作	顾全大局，相互支持和团结互助

续表

素质维度	素质指标	指标解释
新媒体运营素质	用户运营	以用户为中心制订运营目标，实施和控制运营过程
	数据分析	新媒体数据分析、挖掘加工、控制、预测与总结
	视觉设计	明确用户需求，审美水平佳，有能力完成设计方案
	音频、视频剪辑	整理音视频素材，编辑、剪辑音视频
	文字编辑排版	具有文案撰写、内容采写、编辑和排版能力
	营销策划	营销推广整体策划，在平台投放推广
知识能力素质	外语语言知识	良好的外语读写能力
	跨文化交际知识	采用符合外方的文化社会规范、价值取向和行为模式的有效交际方式
	新闻传播学知识	掌握"新媒体"属性和传播规律，了解新闻采、写、编导、评论、摄制、传播等业务知识和技能
	视觉传达知识	了解以文字、图形、色彩等基本要素进行艺术创作的视觉传达知识
	网络推广知识	采用互联网多渠道宣传的网络推广知识
	市场营销知识	通过沟通、传播和传递品牌价值，针对市场进行立体化营销的基础知识
	国际贸易知识	国际贸易流程及基础知识
	相关法律法规	涉及新媒体运营的国际及国内法律法规
职业能力素质	沟通能力	善于倾听、表达，并与他人交流
	共情能力	了解新媒体用户，具有共情能力，能建立用户黏性
	上进心	积极进取
	抗压能力	对逆境的耐力、心理承受力、容忍力和战胜力
学习与成长素质	信息获取能力	善于从多渠道获取所需信息
	创新能力	通过改进或创造新的运营方法、运营路径、运营元素
	想象力	孵化思想、情感，进行思维加工

五、跨境电商直播运营团队组建

想要进行成功的跨境电商直播，必须建立一个合理的团队。如何搭建一个高效的跨境电商直播团队？可以从团队构成和角色分工两个方面探讨这个问题。

（一）团队构成

跨境电商直播一般需要包含以下 4 个团队：主播团队、运营团队、技术团队、商品团队。

1. 主播团队

跨境电商直播的核心是主播，跨境电商直播团队必须有一批资深的主播，他们能够良好地传达商品的特点以及实用价值，并且有很强的演说能力。同时，主播团队中也需要有专业的化妆师、造型师、导演等，以保障直播的质量和形象。

2. 运营团队

运营团队是跨境电商直播中非常重要的一环，运营团队的人选首先需要具有统筹全局的组织和管理能力，还需要具备严谨的思维、细致的工作态度，对外组织协调供应链和招商，对内把控直播间团队的稳定配合，其主要职责是负责促销活动的策划与执行、直播间的引流、直播后的数据分析、客户维护管理等。

3. 技术团队

技术团队是跨境电商直播中不可缺少的一环。他们主要负责直播平台的技术运维、API（应用程序编程接口）开发、网站建设等方面的工作。同时，他们也需不断跟进跨境电商直播的最新技术和趋势，以及解决一些技术难题。

4. 商品团队

商品团队是跨境电商直播中至关重要的一环，直接关系到销售的成败。商品团队需要有专业的采购人员，他们能够挖掘出有价格优势的产品，以及促成异业联盟的结合。同时，他们还需分析消费者喜好和市场状况，以最大限度满足消费者需求。

（二）角色分工

1. 主播

主播是跨境电商直播中最为重要的角色，其核心任务是推介商品和促进消费，同时，他们还需要具备一定的知识储备、互动能力和良好的口才表现。

2. 运营人员

运营人员是跨境电商直播中非常关键的一环，他们需要策划促销活动、制订活动排期、与主播合作推广营销方案等。同时，他们还要对直播效果进行数据分析，以便调整活动策略，提升销售效果。

3. 技术人员

技术人员需要具备扎实的技术功底和一定的行业经验，他们需要搭建直播平台、优化直播质量、开发运营工具等。同时，他们还需协调各部门的合作，确保直播的稳定性和正常运行。

4. 商品人员

商品人员是跨境电商直播中核心的一环，他们有市场分析、商品策略制订能力，丰富的商品知识和良好的采购能力。同时，他们还要与其他部门协同合作，不断改善商品配置和推广策略，提升商品的竞争力。

总的来说，跨境电商直播团队的构建对于跨境电商直播的成功至关重要，不同部门之间的合作和协同非常重要，团队领导人的管理能力和团队成员的专业素养都必须得到提升，建立一支高效的跨境电商直播团队，才能够在激烈的市场竞争中获得成功。

六、实训任务

（一）运用各类搜索引擎，查询跨境电商新媒体（如 TikTok）的基本规则，并总结入驻该平台的注意事项。

（二）组建跨境电商新媒体（如 TikTok）运营团队，要求及内容详见表4-4。

表 4-4　组建跨境电商新媒体实训要求及内容

实训要求	1. 请自行组建跨境电商新媒体（如 TikTok）运营团队 2. 确定团队名称、Logo、宗旨以及团队成员岗位职责		
实训内容	团队名称		
	团队 Logo		
	团队宗旨		
	岗位分工	岗位名称	职责

任务二
跨境电商短视频运营

一、短视频行业的发展趋势

短视频行业是近年来发展迅速的行业，随着用户对视频内容需求的不断增长，短视频行业也呈现出了一些新的发展趋势。

垂直领域的短视频内容：越来越多的创作者开始专注于特定领域，如美食、健身、旅游、科技等，为受众提供更加专业化的内容。

社交媒体整合：社交媒体平台纷纷推出短视频功能，如 Instagram 的 Reels、YouTube 的 Shorts、微信和 QQ 的视频号等，使用户能在一个平台上满足多样化的需求。

电商与短视频结合：越来越多的品牌和创作者利用短视频进行产品推广，实现内容与商品的无缝连接。

直播互动：直播带货和直播互动成为短视频行业的一大趋势，观众可以实时与主播互动，提问，参与投票等，增加了用户黏性。

AR 和 VR 技术：越来越多的短视频平台开始支持 AR 和 VR 技术，为创作者提供更多创作可能，为观众带来更丰富的视觉体验。

AI 驱动的个性化推荐：短视频平台通过大数据和人工智能技术，为用户提供更精准的个性化推荐，提高用户满意度和留存率。

短视频教育：在线教育领域出现了大量以短视频形式呈现的课程，让用户能在短时间内获取知识，满足碎片化学习的需求。

短视频广告：品牌和广告商纷纷投入短视频广告，形式多样、寓教于乐，提高用户的关注度。

用户生成内容：短视频平台鼓励用户生成内容，提供丰富的素材和工具，让更多普通用户也能参与到内容创作中来。

总的来说，短视频行业是一个在不断发展壮大的行业，未来还有很大的发展空间。随着技术的不断进步和用户需求的不断变化，短视频行业也将会呈现出新的变化。随着短视频行业的迅速发展，无论是个人社交，还是品牌营销，都绕不开短视频，短视频已经成为跨境电商营销的必争之地，卖家们都争相布局短视频渠道，想要让自己的产品在激烈的市场竞争中脱颖而出。

二、短视频运营的步骤

（一）确定短视频运营的策略

短视频运营的最终目的是提升品牌价值，所以在公司品牌不同的生命周期内，短视频运营的策略也不一样。

1. 品牌曝光期

品牌运营策略：初步曝光品牌，使受众初步了解品牌，在脑海中留下印象。

短视频运营策略：坚定树立人设，大量投入内容，调性要与人设一致，只需要铺量，给受众留下印象。

2. 品牌感知期

品牌运营策略：通过持续性地输出内容，例如，热门话题、新品活动、促销活动等让用户了解和体验到品牌，激发出受众的进一步探索的兴趣。

短视频运营策略：倾向于话题、标签、场景化、人群化的玩法来激励用户，引发进一步的关注乃至消费。

3. 品牌扩张期

品牌运营策略：经过前期的发酵，品牌在既定的人群受众中已经形成一定的印象，通过大量内容和 KOL 的影响，聚拢受众群体。

短视频运营策略：自身品牌的输出结合外部合作，例如，合拍，发挥 KOL 效应，进一步吸引粉丝。

4. 品牌升级期

品牌运营策略：保持和维护固有的忠实粉丝，通过深度化的内容和多元化的玩法，稳定展示品牌文化理念。

短视频运营策略：深度内容的持续性投入。

（二）平台选择

当下流行的短视频运营平台主要有 TikTok、YouTube、Instagram 等，不过不同的平台属性有一定的差异，营销方式以及适合的产品也不同。卖家在做选择时，需要根据自身产品属性、受众群体等来作相应的匹配，这样才能将效果最大化。

（三）内容产出

内容质量是短视频营销的核心，内容一定是要以用户为核心，产出对于用户有吸引力、有用的内容，并且要与自身产品相契合，能够很好地宣传自己的产品，让用户对其产生了解。

开始发布内容时，要专注于内容的创建，即使发布后没有太多的反馈也仍要继续生产；创作短视频还要关注算法以及热点，根据这些做出适当的内容改进。

（四）视频时长以及更新频率

短视频应当的特点是短小精悍，前面几秒的内容要能够吸引用户停留观看，在这类社交媒体的视频不宜太长，60 秒左右较为合适，既能吸引用户注意力，也能为他们带来良好的观看体验。

保持更新也是一个重点，卖家们需要固定自己的更新频率，持续输出不但能够提升自己的活跃度和权重，也能吸引更多的用户。

（五）账号维护

输出内容后，还需要与粉丝用户进行一定的互动，在评论区积极对留言进行回复，也能提高他们的互动积极性，对品牌产生一定的忠诚性。听取用户意见并及时进行改善，不但能够提升粉丝好感度，也能达到一定的品牌宣传效应。

另外，卖家还需要实时关注账号数据，如完播率、评论量、关注量以及转发量等，通过对这些数据的分析进行及时的优化改进，来达到最佳营销效果。

（六）其他注意事项

在进行短视频营销时，卖家一定要多关注平台规则，研究相同类型内容的特点，进行总结和思考。

还需要注意的是，短视频平台对于产品目标用户来说更偏向于娱乐型，还是更偏向于知识型？卖家在做内容输出的时候要多考虑创作目的，避免产出的内容货不对版，让用户产生抵触心理。

三、跨境电商短视频标签

发布短视频时所选择的标签对于短视频营销非常重要，"#"是短视频标题打标签的符号，"#"后面的词语或短语就是自己定义的作品的标签。以下以 TikTok 为例进行重点介绍。

（一）跨境电商短视频标签的作用

1. 标签可以帮助定位人群

通过标签来识别发布的内容并将其推荐给特定的受众群体，在其算法，与视频定位比较相似。通过这些视频标签，可以判断用户可能会对哪些内容感兴趣，再推送至目标用户，进而提高留存率。

例如，宠物账号的作品不只是推送给喜欢宠物的人，假如你根本对宠物类不感兴趣，但是仍有可能看到有关宠物的作品推送。作品推送的流量池是如何分布呢？发布新作品后，首先会推送的至粉丝流量池，其次是标签流量池，最后是全流量池随机推送。

2. 标签可以提高发现性

如果用户刚好对某个领域的内容感兴趣，当用户在搜索栏输入与标签相关甚至相同的词汇，就能让用户更快发现你的作品，如果你的视频刚好让用户感兴趣，自然就可以获得更多的流量。

3. 标签有助于上热门

例如，有 TikTok 标签的内容，作品上热门推荐的概率就会加大。

4. 标签可以分析竞争对手

通过 TikTok 搜索栏可以找到使用相关标签的账号，有助于寻找到竞争对手，对标账号发布的内容，更加容易分析竞争对手，同时还能找到新的创意视频，助力自己作品创作。

（二）TikTok 短视频的标签

1. 产品标签

例如，#cloth（衣服）、#earrings（耳环）、#shoes（鞋子）、#necklace（项链）、#toy（玩具）等。

2. 位置标签

如果是聚焦于某个地区的账号，就加上该地区的位置标签，可以让视频更精准地投放到目标区域。

3. 节日标签

例如，#Valentine's Day（情人节）、#Mother's Day（母亲节）、#Easter（复活节）等。

4. 行业标签

例如，# Agriculture（农业）、# Beauty makeup（美妆）、# Finance（金融）等。

5. 品牌标签

如果拥有自己的品牌可以为自己品牌创建一个标签。例如，#NIKE（耐克）、#iPhone（苹果）等。

6. 每日主题标签

例如，如#Monday（星期一）、#Friday（星期五）、#Sunday（星期日）、# weekend（周末）等。

7. 形容词标签

例如，#cute（治愈）、#funny（有趣的）、#decompression（解压）、#satisfying（令人愉快的）、#creative（有创意的）等。

8. 小众标签

例如，#travel（旅行）、#pet（宠物）、#food（食物）等。

9. 通用标签

部分标签具有普适性，所有的视频都可以应用，最大的作用是让视频抵达更多的用户。例如，# foryou、# fyp、# TikTok、# TikTokmademebuyit、# viral 等。

10. 热门标签

热门标签是当下最流行、最火热、上升趋势最快的标签，可以在"discover"页面查看。

（三）TikTok 标签设置

TikTok 标签的设置可以分为 5 步：明确视频中心要点→点击搜索框→搜索适合视频领域的精准词→在跳出来的标签池里查看精准词的数据表现→寻找和精准词紧密相关、搜索量相对较多的词汇。

设置标签还要注意以下几点。

第一，要明确发布一条短视频过程中可以打标签的地方。可以通过封面、昵称、个性签名、文案、声音等，只要用户能看得到的地方都能打上属于自己的标签，以便树立自己账号的形象、人设、未来想要呈现的内容。

第二，标签越多收获的用户越精准。TikTok 对标签限制是 150 个字符，比较最常见的标签数是 3 个到 6 个，可采用三分之一的高频标签+三分之一的中频标签+三分之一的低频标签。例如，成都某服装厂发布了一条短视频，在视频发布时打上了如下标签：#成都 #西服 #定制。

第三，设定精准潜在客户关键词标签。这个方法非常简单实用，就是"地区范围+精准关键词+扩展关键词"。例如，有关成都火锅餐饮的作品发布时就可以使用"#成都美食 #春熙路火锅店 #麻辣必选打卡 #上热门"等标签。

四、跨境电商短视频文案策划

（一）短视频文案策划要点

在视频的创作以及制作中，前三秒非常重要，这是留住用户继续看视频的核心，所以在视频创作时，可以设置悬念或者把结果前置等，让前三秒的内容更加吸引人。

为了吸引用户，可以使用以下文案。

1. 互动式文案

例如，Do you dare to…（你敢不敢做什么……）；Will you help me reach

my goal？（你会帮我达成目标吗？）

2. 竞猜式文案

例如，How many puppies in the video？（视频中一共出现了多少只小狗？）以此引发观众的讨论。

3. 缩写

例如，afk（away from keyboard，离开），bs（big smile，大大的微笑）等。之所以要多使用缩写，是因为社交媒体本就是一个生活化的平台。

4. 文本功能

文本功能既可以让视频变得"不一样"，又增加了视频编辑的时间，使系统增加权重。例如，一些很长的文案可通过 TikTok 中的文本功能显示，不会挤占文案区的字数，留下空间放标签，以便进行引流。

不过要注意，视频中的文案是搜索不到的，所以重要的关键词还是要放在文案区和标签上。此外，多借鉴和学习同类目以及"大 V"的视频文案。

（二）TikTok 短视频文案模板

1. 视频内部

视频内部在播放中标出的文字一定要言简意赅，内容尽量简短一些，一般就写个三五个单词，字体放得小一点。假如字体放得太大或者内容写得太多，会对视频产生遮挡。

例如，视频内部的文案模板：Order link in my bio（bio 即 biography，简介）。

2. 视频标题

视频标题不能太长，也不能太短，并结合精准标签与泛化标签。视频标题加上标签，可以由此和其他用户产生更多的联系和沟通，让用户更加精准地看到视频。

例如，某视频标题：Link in bio get it in my homepage 50% off today, get it in my profile website.（今天，我主页上的链接产品打五折，可以在我的个人资料网站上获取这些信息。）

3. 视频评论区

视频评论区的功能为解释视频内容、引导客户购买、丰富评论区内容、强化客户认知。评论区中关于产品的信息，可以让观众感受商家的专业性。

例如，某商家对自己产品的评论：It's on sale now, get it in my bio website free shipping today, get it in my homepage website only ＄13.8, buy 1 get 1 free, get it in my bio.（现在正打折，今天在我的个人网站上免费送货，在我的主页网站上只需 13.8 美元，买一送一，可在我个人主页中获得这些信息。）

4. 主页简介

主页简介内容最多可以写 80 个字符，应充分利用，体现出专业程度，也让观众有更强的信任感。可将表情和缩写相结合。要学会设计版面，分行写出信息，突出重点内容。

主页简介的文案核心要点就是一目了然，一定要让用户就知道账号主题。例如，某主页的简介：Click the link to get products in the video, only ＄24.9 for 2 pcs. Here is what you want.（点击链接获取视频中的产品，2 件仅需 24.9 美元。这是你想要的。）

（三）短视频营销的黄金运营法则

1. 开场 5 秒是吸引用户的关键窗口期。

2. 引导购买应做到位。具体包括口播导购；箭头引导点击购物车；评论区做好导购、与潜在客户交流沟通等。可在评论区置顶好的评论，并且植入购物的链接，加强引导语，预埋互动。

3. 商品的详情页优化。作为短视频内容的补充，商品的详情页要进一步补充相关内容。

4. 商品卖点要说清。具体包括主动戳中用户的利益点，建立信任感；介绍商品的材质、功能、价格优势、物流服务等。

五、实训任务

（一）模拟开设跨境电商新媒体（如 TikTok）账号，编写营销方案

实训要求和内容详见表 4-5。

表 4-5　跨境电商新媒体账号营销方案实训要求和内容

实训要求	1. 请自行组建团队，模拟开设跨境电商新媒体（如 TikTok）账号； 2. 确定账号定位、标签。		
实训内容	账号定位		
	标签		
	引流方式		
	引流预算	渠道	金额

（二） 撰写跨境电商短视频策划方案

实训要求和内容详见表4-6。

表4-6　跨境电商短视频策划方案实训要求和内容

实训要求	1. 请自行组建团队，撰写跨境电商短视频的策划方案； 2. 短视频文案具有创新性、可操作性，能吸引特定粉丝群体。		
实训内容	目标人群		
	视频标题		
	脚本内容	分镜头	备注

任务三
跨境电商直播运营

一、跨境电商直播概述

中国具有完善的工业生产制造体系，可向世界提供具有竞争力的产品，这为跨境电商直播的快速发展提供了基础。

华人在世界分布广泛，为跨境电商直播开拓海外市场提供了帮助。华人作为跨境电商直播的受众群体之一，具有语言、文化和人脉资源等各方面的优势，他们的消费行为将辐射到更多的海外消费者，助力跨境电商直播开拓海外市场。

中国跨境电商直播产业链领跑世界，运作经验成熟。随着"直播带货"消费模式的兴起，中国市场显示出强大的潜力和活力，并加快了实体商业向数字化转型的步伐。中国网红经济的发展以及 MCN（多频道网络，Multi-Channel Network）机构数量的增加使中国在电商直播行业处于领先的地位。

二、跨境电商直播优缺点

（一）跨境电商直播的优点

1. 全球范围的营销，任何商家都可以通过互联网，在任何国家进行营销；
2. 有效利用移动互联网，简化消费者购买流程，突出品牌；
3. 实时分析市场动态，帮助商家把握市场趋势，赢取竞争优势。

（二）跨境电商直播的缺点

1. 市场风险较大，顾客权益容易受到影响，风险较高；
2. 商品缺乏可追溯性，溯源困难；
3. 线上营销的效果受多种因素影响，消费者容易受到误导。

三、TikTok 跨境电商直播

（一）TikTok 直播优势

目前，抖音的用户处于增长缓慢阶段，已经从增量市场转向存量市场，运营需要更为精细化、专业化的团队运作，商业化运营也更为成熟；而 TikTok 的用户处于快速增长阶段，TikTok 的投入成本比抖音低很多，性价比非常高，所以 TikTok 更适合直播营销。

2021 年 7 月份，TikTok 开始在印度尼西亚和英国试水直播带货，前期采用邀请制，但不到三个月就开放注册。TikTok 已经在东南亚拓展直播业务，到 2023 年，开放的国家包括越南、泰国、马来西亚、新加坡、菲律宾和印度尼西亚等。TikTok 直播变现包括直播打赏、带货等方式。

根据 TikTok Shop 跨境电商官方账号发布的数据，2022 年 1 月至 12 月，TikTok 平台累计开展直播超过 286 万场，累计直播总时长超过 1.6 亿小时，消费者与商家累计互动超过 80 亿次。TikTok "直播"已成炙手可热的出海新风口，也成为跨境电商变现必不可少的新渠道。

（二）TikTok 跨境电商直播流程

1. 直播准备

（1）直播账号

首先，不管是个人号（Personal Account）、创作者号（Creator Account）还是企业号（Business Account），都是可以直播。可以根据实际情况切换账号。开启 TikTok 直播权限需要满足以下两个条件之一：TikTok 账号粉丝 ≥ 1000 个的商家可以自动开通直播权；拥有小店的卖家在小店后台绑定 TikTok 账号（Business Account）后，该账号便可实现 0 粉开播。

在直播时，可以转换镜头，也可以分享或邀请好友，查看网友的评论以及打赏的礼物，美颜和滤镜等效果也可以调整。

（2）商品

选品维度：可以从三个维度考虑，即种类丰富、品质有保证、性价比高。

商品匹配：指引流款、畅销款、利润款、特价商品匹配。可以选择店铺的热销产品或者参考其他平台的流量产品作为直播间的主打产品，与店铺的利润品搭配进行捆绑销售推广。引流款（店内占比约10%）指店内性价比最高的商品，以低价为特色。畅销款（店内占比约50%~60%）指最受欢迎的产品，网红款。利润款（店内占比约10%~20%）指店内新产品，利润率高。其他款（店内占比约20%）。

（3）直播引流

直播流量的主要来源包括直播前预热和直播前推送等。卖家可以通过TikTok的流量预热直播，例如，直播预热视频、TikTok流量推广等提前进行流量捕捉动作。直播前，卖家可以将直播预告分享到其他社交媒体平台，如Facebook、Instagram等用于场外引流；卖家也可以尝试利用TikTok宣传片来推广流量，进一步引流直播间。此外，高质量的直播封面和片头也能进一步引流至直播间。

（4）封面、标题和标签

开播时，卖家可以通过"take a photo"或"select from library"来设置一张照片作为直播封面；标题建议简短且具有吸引性；同时设置流行或关键词标签，注意标签一定要与标题封面和直播内容相关。

（5）资金账户

在Balance（结算）界面，可以看到余额以及相关收入。Income（收入）界面有账户保护，需要接收验证码才可以查看，这样的设置增加了资金的安全性。详见图4-4。

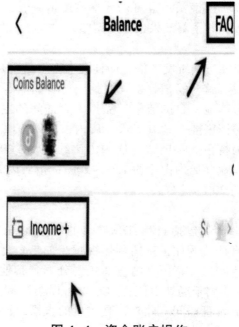

图 4-4　资金账户操作

2. 直播过程

（1）直播间设定

直播间设定包括主播设置、主播能力、播间助理等。

主播设置：需要结合商品和店铺的定位，找到合适的主播。

主播能力：主播要有良好的传播力、感染力和引导力，建议选择从事过销售、主持或培训的主播，可以更好地介绍产品，展示卖点；另外，要重视主播的外语口语能力。

播间助理：辅助主播与观众互动，链接货架。

（2）直播脚本

直播的基本脚本结构包括 3 个模块：问候和热场、产品介绍和结论。

由于直播过程中观众来来往往，如果直播持续时间较长，新观众可能会与原有观众完全不同，所以可以在产品介绍之间增加整体推广介绍模块，让新观众跟得上直播进度。此外，还可以在产品介绍之间添加整体推广介绍环节，根据需要进行直播。

（3）直播操作步骤

打开 TikTok→点击中间的 "+" 按钮→选择 "LIVE"→添加 LIVE 头像与标题→点击右上角调转镜头、加美颜滤镜、分享至好友（分享方式有 SMS、

Facebook、Email 等）→设置直播是否允许打赏（LIVE gifts）→点击 GO LIVE 开始直播。商品可以在开播前和开播中随时添加。卖家可以在直播间添加 TikTok 店铺商品或其他平台商品，在商家直播界面找到购物袋图标，点击"从店铺添加"，为直播间添加商品。

3. 直播总结

直播结束后，点击关闭标志，确认直播结束。可以看到直播的统计数据，例如，直播间观看人数、新增粉丝数、打赏人数、累计打赏。这些数据非常重要，建议在每场直播后针对这些数据进行复盘。

TikTok 可以自动保存每场直播回放，有效期是 90 天，有利于复盘研究此次直播中出现的各种错误，并在下一场直播中规避改正。TikTok 直播回放可以下载或删除，把直播的内容下载，做精剪，再分发至不同的短视频平台，扩大传播力度的同时，也可以获得多份收益。

四、国际站直播

（一）国际站直播操作

1. 检查产品和团队是否适合直播

一般来说，国际站的买家更加注重产品的性价比和品类的创新性，所以，国际站商家进行直播有一定的门槛，对于国际站的小卖家和小团队而言，进行跨境直播有一定难度。

通常，在国际站进行跨境直播的产品需要满足以下条件。

第一，产品受众广，最好是 RTS（直接下单）产品，而且确保产品受欢迎。

第二，产品定价必须有一定的优势，否则价格过高会导致难以吸引用户转化。

第三，产品运输方便，运费相对较低，否则会影响转化水平。

第四，产品有吸引买家兴趣的点，可以是价格、性能或者新颖性等。

第五，产品直播的目的不是临时交易，而是卖点和细节的展示。

当产品具备上述条件时，通常可以考虑进行跨境直播。

2. 直播内容分类

（1）产品类

如果是时长 1.5 小时至 2 小时的产品介绍直播，可以分成 4 到 6 个部分。

第一部分和结尾部分为实力展示，包括工厂介绍等，结尾部分还需要做整体的回顾；中间部分一般包括性能测试展示、同类对比、热销推荐等，根据这几个不同的大类，分出直播的侧重点，整理话术。

（2）工厂类

工厂介绍直播可以根据实际情况安排时长，最好 1.5 小时以上，如果达到 2 小时，可以最后到样品间做简单的样品展示介绍。

工厂直播可以展示的工厂的规模、员工的风貌、生产的设备、原材料库、生产车间、半成品库、成品库、打包发货等内容。

3. 直播准备

（1）制订直播策略

商家需要根据直播目的，制订相应的直播策略。例如，直播前可以通过社交媒体、邮件、短信等方式进行宣传，吸引更多的观众；直播过程中可以设置奖品、折扣等活动，吸引消费者购买产品；直播后可以及时跟进观众反馈，提高客户满意度。

（2）准备直播脚本

制订好直播策略后，还需要提前计划直播的内容和逻辑顺序，准备好直播脚本。如果不知道怎么规划，可以先收集一些买家关心的内容，在国际站平台或者其他跨境平台上收集这类产品的买家评价和问答，抓住客户可能感兴趣的点，为直播脚本提供素材和灵感。

此外，对于脚本的规划，建议在时间轴上进行，即开头讲什么内容，中间延伸什么内容，分别介绍什么产品，先介绍哪一个，后来介绍哪一个，最后如何结束，每个时间段如何介绍，都要一一写出来，做好充分准备。

（3）确定直播人员

与短视频创造的人员相似，直播的人员也包括主播、运营人员、技术人员和商品人员等。直播的每个人员都非常重要，以主播为例，主播可以是公司的内部人员，也可以外包给第三方，不论选择哪种方式，都需要提前进行充分的演练。主播的情绪是否足够，英语口语是否清晰流利，身体动作和语音语调是否充满激情，都是影响直播效果的核心因素。

（4）准备直播设备

商家需要准备好专业的直播设备，包括云台、补光灯、摄像头、无线麦克风、耳机孔转接线、充电宝/插线板等。直播设备的质量对直播效果有很大影响，商家需要选择高品质的设备，确保直播画面、声音清晰。除了硬件预算上的设备，还需要准备脚本、提示板、必要的布景等。

4. 开始直播

（1）下载应用程序

使用安卓手机的用户可直接在应用软件市场中搜索"阿里卖家"，下载安装最新版；使用苹果手机的用户可直接在 App Store 搜索"阿里卖家"，下载安装最新版。

（2）创建直播或试播

PC 端创建直播：登录 MyAlibaba→媒体中心→管理直播，右上角"创建正式直播"或"创建试播"，选择"店铺直播或活动直播"后创建直播间。

在无太多使用经验的基础下，可以选择创建试播进行实验（媒体中心→管理直播→创建试播）。

如果当前没有直播或预告，可前往直播中控台创建，进入场次列表，点击中控台，进入场次列表创建。

5. 直播过程

（1）保持热情和活力

直播是一种互动性很强的活动，商家需要通过自己的表情、语言和动作来吸引观众的注意力。在直播过程中，商家需要保持热情和活力，让观众感到直播很有趣，产生购买的欲望。

（2）注意直播内容的质量

直播内容是直播的核心。商家需要根据产品的特点，设计合适的直播内容，让观众了解产品的优势和使用方法。同时，商家需要注意直播内容的质量，确保语言表达清晰、逻辑清晰。

（3）与观众互动

与观众互动是直播的一大特点。商家需要与观众保持良好的互动，增加观众的参与感和体验感。商家可以通过抽奖、问答、互动游戏等方式与观众进行互动，吸引观众的注意力，提高直播的互动性和趣味性。

（4）掌握直播节奏和时间

商家需要掌握直播的节奏和时间，避免直播过程中出现空洞和无聊的情况，合理安排直播内容和互动环节，保持观众的兴趣和耐心。

（5）关注直播质量

商家需要在直播过程中关注直播质量，包括直播画面、声音质量、网络状况等。商家可以提前测试直播设备和网络环境，确保直播质量稳定和良好。如果出现直播质量问题，商家需要及时解决，避免观众流失和直播效果下降。

6. 直播后的跟进

（1）整理直播记录和数据

商家需要整理直播记录和数据，包括直播时长、观众人数、交互次数、销售额等。通过对直播数据的分析和整理，商家可以更好地了解观众的需求和反馈，优化直播策略和内容。

（2）及时跟进观众反馈

直播后，商家需要及时跟进观众的反馈和问题，保持良好的沟通和服务。商家可以通过电子邮件、在线客服等方式与观众沟通，解决观众的问题和疑惑，提高客户满意度。

（3）持续推广产品和服务

直播后，商家需要持续推广产品和服务，吸引更多的消费者关注和购买。商家可以通过社交媒体、邮件、短信等方式进行推广，让更多的消费者了解自己的产品和服务。

（二）国际站直播平台规范和处罚措施

国际站直播内容安全涉及红线风险、业务风险、内容质量等。

1. 违规类

国际站违规类直播内容包括空播（没有主播讲解）、产品违规（无资质销售防疫物资、侵权产品等）、引导站外沟通（只能留平台内沟通联系方式，不能引导用户前往平台外沟通）、语言不当（阿里展会活动直播只能使用英语，不能采用其他语言）。

2. 禁播品类

国际站禁播的产品品类包括以下产品。

（1）医疗类目：医用口罩、医用防护服、红外测温仪、呼吸机、新冠病毒检测试剂、医用护目镜、医用手术帽、医用手套、医用鞋套、病员监护仪、医用消毒巾、医用消毒剂等。

（2）非医疗类目：防护口罩、防护服、护目镜、红外测温仪、一次性帽子、一次性手套、一次性鞋套、消毒巾、消毒剂、防护面罩等。

（3）其他禁播产品：直播间不得出现任何与色情相关或可能产生相关联想的商品（包括成人用品），直播间也不得出现虚拟商品、电子烟、保健品、带信息存储功能设备、金融产品、人工服务、艺术品等，此外，易对他人造成伤害的商品，如匕首，仿真枪等，也都属于禁播商品。

3. 处罚措施

国际站的处罚措施包括：警告并下线直播；删除直播内容；冻结直播权限。

五、跨境电商直播话术

（一）跨境电商直播话术的基本内涵

跨境电商直播带货是以商品为核心，详细生动地宣传推销，同时引导用户参与互动，最终影响用户购买决策的活动。而这个过程中，影响购买者的语言表达称为话术，类型包括欢迎话术、宣传话术、带货话术、催单话术、互动话术。话术可以帮助商家和主播控制直播、完善主播特色、营造直播氛围。

（二）跨境电商直播话术实例

以主推产品玩具陀螺为例，介绍跨境电商直播的话术。

1. 整场直播的框架是反复介绍产品的玩法并与观众互动。举例如下。

（1）This gyroscope does not need battery, and it can be turned by hand, right? （这个陀螺不用电池供电，用手一转就能转动对不对？）

（2）Turn by hand, it can be rotated and deformed, each can be deformed, bent and deformed into various shapes, children play to exercise a hands-on ability, develop an imagination. （用手一转就能转动还可以变形，每个都可以弯曲转换为各种造型，小朋友在玩的过程中可以锻炼动手能力，开发想象力。）

2. 运用话术吸引顾客、留住顾客。

（1）提醒大家关注主播

Follow me guys! （立即关注主播哦！）

（2）介绍该陀螺的优势、用法，留住感兴趣的人

The gyroscope in the anchor's hand can be rotated with just one turn of the hand. After turning it, you can stack it up. You can stack one and two, children like to play, but adults can also play, no batteries, no electricity, you can turn it with one hand. With just one turn of the hand, it can rotate and deform, and all kinds of shapes can be done! （主播手上的这个陀螺，用手一转就能转动，转完叠加起来，叠一个、两个都可以的，小朋友喜欢，大人也可以玩，不用电池，不费电，用手一转就能转动，还可以变形，各种造型都可以的！）

（3）再次提醒大家关注

Come on, so many guys don't follow us. Help to follow us and join a fan group! （这么多宝宝都没有点关注，帮主播点个关注，加个粉丝团啊！）

3. 互动话术。留住顾客后，要通过互动话术拉近顾客和主播的关系，提高信任度。

（1）提醒顾客下单选择不同颜色并备注，拉动主播和顾客的关系

Everyone who has followed us and bought our gyroscope, we will note to send you different colors. Remember to tell the anchor when you place an order. （关注了的所有宝贝，拍到咱们陀螺的宝贝，备注的话都会给你发不同颜色，拍了记得告诉主播。）

（2）同时照顾到刚进直播间的顾客，拉近距离

Are there any new fans who just arrived at the live broadcast room? Friends who have just arrived at the live broadcast room, for the first time coming to the live broadcast room, please send one. The more people like our gyroscope, the more gyroscopes we will provide!（有没有新粉宝宝，刚刚来到直播间？刚来直播间的朋友，新粉宝宝，刚第一次来到直播间的，扣个一，喜欢我们陀螺的人越多呢，主播给你们提供的越多!）

4. 促单（催单）话术。互动的同时，要提醒顾客下单。

（1）利用价格优势吸引客户下单

Usually, I buy one at the mall or supermarket for 12 yuan, and some are expensive for 15 yuan, right? Today, the live broadcast room for the gyroscope doesn't cost 12 yuan each, and it doesn't cost 15 yuan each. New fans come, three for 9.9 yuan, and three for 9.9 yuan.（平时呢，商场超市买一个，12元一个，有的贵的15元一个，对不对？今天呢，主播直播间不用12元一个，不用15块一个，新粉朋友们，3只9.9元啊，三支9.9元。）

（2）引导客户如何下单

How can we place an order? Click on our Little Yellow Car and click on the first link, make an immediate purchase. Go directly to place an order, and tell the anchor when you place an order.（怎么拍？点开咱们小黄车并点击第一个链接，立即购买。直接去拍，拍了告诉主播。）

（三）跨境电商直播话术模板

1. 欢迎话术

欢迎话术目的是让进入直播间的国外访客，感受到真诚和温暖，感觉自己"被看见了""被重视了"，从而停留在直播间。流量不高的时候有人进直播间，可打招呼直呼其名。应提前了解外国人的禁忌，避免尴尬。

（1）OMG, let's see wow who's just coming? ××× nice to see you again.（天啊，让我们看看哇，谁来了？×××很高兴再次见到你们。）

（2）Hi, ×××, welcome my new friends! where are you from?（嗨，×××，欢迎我的新朋友！你从哪里来的?）

（3）Hi, new friends, 60% off today, very good price!（嗨，新朋友们，今天四折，非常好的价格!）

（4）Anyone just join our party, let me know, we have extra gift for new here, so feel free to type 1 in the comment section.（任何刚加入我们派对的人，只要让我知道，这里就有额外的新礼物，请随时在评论区键入1!）

（5）Oh let's see we got 150 people from all over the world stay with us and enjoy the party，let me know where your guys from.（哦，让我们看看，来自世界各地的 150 人和我们一起并享受派对，让我知道你们来自哪里？）

2. 带货话术

带货话术在跨境电商直播间中，是所有话术中的核心。直播间就是主播不断向观众销售商品的过程，因此话术中要有充分的引导转化逻辑。

需要注意的是，主播在带货产品的时候，一定要非常了解自己的产品并且发自内心地喜爱，不了解产品便会导致话术不流畅，不喜爱则无法与观众形成共鸣；话术要专业且易懂，把专业的东西用简单的话术说明白；突出产品差异性，在差异性方面，应该结合自身的商品，用突出卖点、突出高品质、高附加价值、高性价比等方式进行销售。

（1）Make sure you buy everything you want before it sold out.（一定要在你想要的东西卖完之前买下它。）

（2）Place an order if you like this.（如果您喜欢这个的话，就下订单吧。）

（3）If you are not interested to buy anything，I would be much appreciate if you can juts tap the screen to show your love.（如果你没有兴趣购买任何东西，就在屏幕前点个赞来表达爱，我将不胜感激。）

（4）Honestly its amazing offer and I actually like this a lot personally，it looks so lovely.（老实说，这是一个令人惊叹的报价，实际上我个人很喜欢它，它看起来很可爱。）

（5）Oh we got another order，thank you Lynn！thank you for your order，guys！Be quick and check it out now.（哦，我们又收到订单了，谢谢你，林恩！谢谢你的订单，伙计们！快一点，现在就去看看。）

3. 互动话术

互动话术的核心目的是让直播间产生更多停留与评论等有效的互动数据，在观众互动的过程中，在直播间现场层面上打造更加热闹的氛围场。

（1）发问式互动：Where you guys from？I really want to know it. It's amazing to know you guys from all over the world and get together in my live room. So tell me please.（你们从哪里来的？我真的很想知道。认识来自世界各地的你们，并在我的直播间里相聚，真是太棒了。所以请告诉我。）

（2）寻求点赞互动：I want 100k likes，could you guys help me to get it？Please. More likes so that more viewers，help me please.（我想要 10 万个赞，你们能帮我吗？帮帮忙。点赞越多，观众越多，帮帮我吧。）

（3）寻求关注话术：Follow me guys，no follow，can not find me again！

（关注我，伙伴们，不关注，就再也找不到我了！）

六、实训任务

撰写跨境电商直播策划方案。实训要求和内容详见表4-7。

表4-7　跨境电商直播策划方案实训要求和内容

实训要求	1. 自行组建团队，进行跨境电商直播选品，撰写跨境电商直播策划方案； 2. 跨境电商直播话术具有可操作性，能吸引特定粉丝群体。		
实训内容	跨境电商 直播团队	角色	职责
	跨境电商 直播产品信息	1. 产品是否为新品？ 2. 产品（与同类产品相比）是否具有优势？ 3. 产品基本功能介绍（英文） 4. 产品图片及介绍视频（英文）	
	跨境电商 直播文案	1. 欢迎话术（英文）： 2. 带货话术（英文）： 3. 互动话术（英文）：	

巩固练习

一、不定项选择题

1. 新媒体组成三要素包括（　　　）。

A. 内容　　　　　　B. 关系　　　　　　C. 互动　　　　D. 粉丝

2. 以下哪类不属于跨境电商新媒体的分类（　　　）。

A. 时空计时器　　　B. 空间定位器　　　C. 地点计时器　　D. 慢速计时器

3. 新媒体获客效果的衡量指标是（　　　）。

A. 忠诚消费者数量　B. 新用户数量　　　C. 粉丝数量　　　D. UV

4. 下列关于跨境电商新媒体描述错误的是（　　　）。

A. Foursquare 是一种基于地理信息和微博的服务网络，用户可以通过自己的手机来报道自己所在的位置

B. Tumblr 是全球轻博客网站的始祖，类似于国内的微博

C. Yelp 是美国的商户点评网站

D. YouTube 是全球职场社交媒体

5. 哪种海外新媒体被营销机构选择最多（　　　）。

A. Instagram　　　　　B. Facebook　　　　　C. WhatsApp　　　　D. Pinterest

6. 以下哪个新媒体平台比较类似国内的微博（　　　）。

A. Yelp　　　　　　　B. Foursquare　　　　　C. Tumblr　　　　　D. Twitter

7. 关于新媒体拉新及用户互动说法正确的是（　　　）。

A. 一味地发产品广告帖子或促销贴

B. 广告推广可以让感兴趣的人看到广告，增加粉丝数量

C. 利用 Facebook 群组

D. 网红效应

8. 新媒体的主要特点包括（　　　）等。

A. 数字化　　　　　B. 互动性　　　　　C. 模拟性　　　　　D. 虚拟性

9. 短视频文案策划可以使用（　　　）策略。

A. 多使用互动式文案　　　　　B. 多使用竞猜式文案

C. 多使用缩写　　　　　D. 多使用政治敏感新闻

10. 短视频营销的黄金运营法则是（　　　）。

A. 开场 5 秒是关键　　　　　B. 引导购买做到位

C. 挂车商品的详情页优化　　　　　D. 商品卖点要说清

二、讨论题

你认为哪种形式的跨境新媒体比较适合中小企业的营销，为什么？

项目五　跨境电商数据化运营

【知识目标】

1. 了解跨境电商数据化运营的概念和基本原则；
2. 掌握跨境电商数据化运营的步骤；
3. 熟悉跨境电商数据化分析的方法；
4. 掌握 Excel 的图表分析方法。

【技能目标】

1. 能够熟练使用 Excel 收集运营数据，进行可视化展示和数据分析；
2. 能够制作可视化分析图表，进行多维度数据化对比分析；
3. 能够运用树状图进行跨境电商销售市场划分与分析；
4. 能够进行跨境电商销售市场的价格弹性分析。

【素质目标】

1. 培养学生运用办公软件进行数据收集和处理的能力；
2. 培养学生良好的职业道德和精益求精的工作态度；
3. 培养学生较强的分析解决问题的能力；
4. 培养学生积极的心态、热爱工作的职业素养。

任务一
初识跨境电商数据化运营

数据分析思维中国自古就有。汉宣帝时期，大将赵充国率数万兵力抵御游牧民族羌族的骚扰。赵充国经过计算，发现汉朝的数万兵力与熟悉地形的羌族在数万公顷的土地上捉迷藏，短期内无法取胜，而且粮草难以为继；此外，汉军有两千多顷土地可以用于屯田，有六万多棵大树可以用于构筑工事，携带军粮够一万汉军吃一年。经过数据分析，赵充国只留下一万余兵力的步兵，解散了剩余的军队。经过屯田坚守，不仅自给自足，还让游牧民族彪悍的骑兵的技能无法施展，最终打败了敌军，凯旋。

赵充国利用数据破敌的故事体现了数据分析思维。大数据时代，跨境电商运营更需要大数据的支撑。随着大数据时代的来临，数据正在迅速膨胀并变大，随着时间的推移，越来越多的人意识到数据对企业的重要性，大数据的应用也越来越广泛。在电子商务等领域，大数据正在协助企业不断地发展新业务、创新运营模式，对消费者行为的判断、对产品销售量的预测、精确的营销范围以及存货的补给都能得到全面的改善与优化。

大数据是如此重要，以至于其获取、储存、搜索、共享、分析，乃至可视化地呈现，都成了当前重要的研究课题。首先，初步认识跨境电商数据化运营。

一、跨境电商数据化运营的概念

跨境电商数据化运营是指通过图形、表格、程序等数据化的工具、技术和方法，对跨境电商运营过程中的各个环节进行科学分析，并得出专业、准确、合理的运营结论，最终达到优化运营效果、降低运营成本、提高运营业绩的目的。

跨境电商的数据化运营，可以应用于包括跨境电商产品体系建设与运营、跨境电商营销体系建设与运营、跨境电商物流体系建设与运营、跨境电商服务体系建设与运营和跨境电商财务体系建设与运营等。

二、跨境电商数据化运营的原则

跨境电商数据化运营有两个基本原则：过程标准化和结果可视化。

（一）过程标准化

跨境电商经验化运营的最大特点是主观性强，运营过程和运营结果有很强的随意性；跨境电商数据化运营则需要为运营过程制定严格的标准，根据标准化的运营过程，所有的运营者都可以得出相同的结果。

跨境电商运营过程标准化就是对跨境电商重复性的运营过程做出统一规定，它以科学技术和实践经验的结合成果为基础，经有关各方协商一致，以特定形式发布作为共同遵守的准则和依据，供一定范围内的运营者反复使用，以实现在预定领域内最佳的运营效果。

（二）结果可视化

跨境电商的原始数据可能是杂乱无章、没有条理的。跨境电商运营结果可视化就是运用计算机图形学和图像处理等技术和方法，将跨境电商原始数据进行交互处理，使得结果呈现出一定的规律性，并转换成图形或图像在屏幕上显示出来。

三、跨境电商数据化运营的方式

跨境电商数据化运营的方式非常多，常见的有以下几种。

（一）跨境电商运营平台自带的数据分析

很多跨境电商运营平台都有数据分析功能，例如，速卖通平台和 Lazada平台的生意参谋（Business Advisor），这些跨境电商运营平台自带的数据分析栏目往往针对平台的监管政策设计相关的数据指标，运营者根据这些指标进行必要的数据分析，可以提高自己店铺的平台评分和等级，从而提高自己店铺的运营水平。

（二）Excel 数据分析

Excel 是常见的办公软件，运用 Excel 进行数据分析门槛低、操作简单，后文将以 Excel 为例，介绍简单的数据分析。

（三）专业的数据分析软件

随着数学在经济学的应用越来越广泛，使用专业的数学软件进行跨境电商数据分析的运营者也越来越多，这些专业软件包括 GAMS、Maple、Mathcad、Mathematica、MATLAB、SAS 和 SPSS 等。一些跨境电商公司甚至根据自身需要，开发出适合本企业的数据分析软件，以达到更好的数据分析效果。与 Excel 办公软件相比，这些专业的数据分析软件有一定的门槛，有兴趣的读者可以进行尝试。

（四）专业公司的数据分析服务

上述三种跨境电商数据分析方法都需要运营者进行钻研和投入，对运营者的经验要求较高。资历尚浅的跨境电商运营者还可以直接付费使用专业公司的数据分析服务，例如，本书项目二使用了卖家精灵收费软件进行跨境电商选品分析。

发达的中国跨境电商行业催生了大量的跨境电商运营辅助工具，除了卖家精灵，还有超级店长、米库、卖家网、海鹰数据、紫鸟数据魔方、Merchant Words、Unicorn Smasher、Google Trends、Pinterest Trends、Jungle Scout、AmazonOwl、Keeper 等，通过这些运营辅助工具，运营者也能进行跨境电商数据化运营。

上面介绍的 4 种跨境电商数据化运营的方式，虽然不同的方式有不同的适用环境、不同的效果，但是底层逻辑都是一样的。

四、跨境电商数据化运营的步骤

数据化运营可以分为 4 个步骤：数据采集、数据处理、数据分析和辅助决策。

（一）数据采集

数据采集就是通过一定的方法获取跨境电商数据，为数据化运营提供分析对象。数据采集方法可分为：付费购买、人工采集、报表采集和自动化抓取采集。

1. 付费购买

付费购买是指通过付费的方式获取数据化运营所需的数据。

对于一些价值比较高的行业和企业的数据，或者涉及行业和企业机密的数据，很难通过公开途径免费获得，只能通过付费购买的方式才能采集得到。

2. 人工采集

人工采集是指运营者通过基本的"复制粘贴"等方式到跨境电商运营平台和行业网站等地方采集数据。

人工采集一般应用于前台的公开数据，是数据化运营中最常见的数据采集方式，其采集的数据可以大量应用于关键字优化、产品页面优化等运营环节。

人工采集的优点是无技术门槛，灵活方便；缺点是效率低下，花费大量时间只能采集到少量的数据。所以，这种方式一般应用于跨境电商运营关键领域、关键数据的采集。

3. 报表采集

报表采集是指通过下载跨境电商店铺后台的数据报表完成数据采集。

报表采集一般应用于后台数据，如广告数据、订单数据、流量数据和客户数据等。

报表采集的方式操作更为简单，但是必须有跨境电商运营平台的账号，而且只能采集本账号的数据，不能采集其他账号的数据。

4. 自动化抓取采集

自动化抓取采集是指通过爬虫程序等软件自动抓取跨境电商运营平台和行业网站等地方的数据，属于技术性的数据采集方式。

自动化抓取采集主要应用于量级大、重复性高的数据采集工作，例如，竞争对手的数据监控、数据化选品等。

自动化抓取的数据采集方式操作复杂，但是效率很高。虽然自动化抓取采集到的数据用人工采集也可以完成，但是人工采集效率低下，如 100 个前台产品的排名数据通过自动化抓取采集只需要 5~10 分钟的时间，而通过人工采集则需要几个小时。

自动化抓取的软件有多种：第一种是自主研发采集程序；第二种是付费使用第三方数据抓取工具；第三种是使用跨境电商平台的数据插件。运营者可以根据自身的需求灵活使用上述三种方式：大型跨境电商公司的运营者可以组建自己的数据化团队，自主研发采集程序；小型跨境电商公司的运营者可以挑选适合自己的第三方爬虫程序或者数据插件。

（二）数据处理

对于人工采集的数据一般不需要处理，因为人工采集时就会主观上对数据进行处理，所以数据采集后可以直接进行分析。

但其他情况下，跨境电商运营者采集到的第一手数据一般都是无法直接使用的，需要进行数据处理。

例如，亚马逊运营平台某账号后台下载的一条销售数据的栏目名称如图 5-1 所示（亚马逊平台下载文件默认为 TXT 格式）。

文件(F) 编辑(E) 格式(O) 查看(V) 帮助(H)
order-id order-item-id purchase-date payments-date buyer-email buyer-name
buyer-phone-number   sku   product-name   quantity-
purchasedcurrency item-price
item-tax shipping-price   shipping-tax   ship-service-level
recipient-name   ship-address-1   ship-address-2   ship-address-3
ship-city ship-state ship-postal-code
ship-country   ship-phone-number delivery-start-date   delivery-end-date
delivery-time-zone delivery-Instructions is-business-order   purchase-order-
number price-designation   is-sold-by-ab

图 5-1 亚马逊运营平台下载的销售数据栏目名称

上述销售数据无法直接使用，需要对数据进行处理后才能进行数据分析。

根据运营者的需要，数据分析的对象除了数量数据、价格数据、时间数据以外，还可能涉及地理数据或者其他订单数据，其处理方式各不相同，需要根据具体情况区别对待。

（三）数据分析

当运营者完成数据的采集和处理工作后，就需要对数据进行分析和处理，具体可为两类：数值计算和可视化分析

1. 数值计算

数值计算就是运用计算机更好地解决各种数学问题，运用已知数据得出最优解。例如，根据已有条件计算得出最佳广告预算。

2. 可视化分析

可视化分析即制作可视化图表，将计算结果进行可视化的展示。

（四）辅助决策

在完成数据采集、数据处理和数据分析工作后，就可以结合具体的可视化表格进行决策和运营优化，得出最优的决策方案，为公司运营提供辅助。

通过本任务的学习，每一位运营者都可以在脑海中搭建"数据采集→数据处理→数据分析→决策优化"的基本数据化运营步骤，在未来遇到全新的运营问题时，有能力和信心通过数据化运营的方式去解决这些问题。

五、实训任务

已知某跨境电商公司的销售时间数据如表 5-1。

表 5-1 某跨境电商公司的销售时间表

purchase-date	purchase-date
2023-03-29W21：28：00-07：00	2023-03-29W21：35：04-07：00
2023-03-29W15：57：25-07：00	2023-03-29W21：51：40-07：00
2023-03-29W14：34：49-07：00	2023-03-30T20：27：54-07：00
2023-03-29W19：58：26-07：00	2023-03-30T10：10：53-07：00
2023-03-29W23：18：03-07：00	2023-03-30T21：47：46-07：00
2023-03-29W21：56：57-07：00	2023-03-30T22：18：49-07：00
2023-03-29W21：18：22-07：00	2023-03-30T12：46：38-07：00
2023-03-29W20：37：16-07：00	2023-03-30T21：45：07-07：00
2023-03-29W21：15：57-07：00	2023-03-30T11：55：49-07：00
2023-03-29W22：13：49-07：00	2023-03-30T09：19：38-07：00

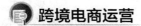

续表

purchase-date	purchase-date
2023-03-30T10：19：07-07：00	2023-03-31F22：46：03-07：00
2023-03-30T23：26：17-07：00	2023-03-31F22：06：35-07：00
2023-03-30T21：16：57-07：00	2023-03-31F16：00：44-07：00
2023-03-30T12：54：19-07：00	2023-03-31F21：19：26-07：00
2023-03-30T21：10：04-07：00	2023-03-31F16：38：11-07：00
2023-03-30T22：12：22-07：00	2023-03-31F23：20：13-07：00
2023-03-30T21：43：19-07：00	2023-03-31F23：25：41-07：00
2023-03-30T13：48：52-07：00	2023-03-31F22：29：48-07：00
2023-03-30T21：53：45-07：00	2023-03-31F21：34：04-07：00
2023-03-31F22：13：14-07：00	2023-03-31F18：31：17-07：00

任务要求如下。

（一）对该跨境电商公司的销售时间进行数据处理，能够清晰地看出顾客是在何时下单购买的产品。

（二）根据顾客购买的时间点，进行数据分析，得出这些订单的下单时间规律。

任务二

运用 Excel 进行跨境电商数据化分析

本任务使用 Excel 这一常见的办公软件进行数据分析的讲解，以便对数据分析有大致的了解。

一、Excel 数据分析功能介绍

Excel 是微软公司的办公软件 Microsoft office 的组件之一，是由 Microsoft 为使用 Windows 和 Apple Macintosh 操作系统的电脑而编写的一款试算表软件。Excel 是微软办公套装软件的一个重要的组成部分，它可以进行各种数据的处理、统计分析和辅助决策操作，广泛地应用于管理、统计、财经、金融等众多领域。

Excel 的数据分析常用功能如下。

第一，自动汇总功能，这个功能很多程序都有，但是 Excel 更简便灵活；

第二，高级筛选，这是 Excel 提供的高级查询功能，而且操作很简单；

第三，数学计算，很多复杂的数学计算都可以通过函数完成；

第四，图表功能，指将工作表中的数据用图形表示出来；

第五，数据透视功能，提供一种快速且强大的方式来分析数值数据。

以下通过案例来介绍 Excel 的数据分析功能。

二、运用二维柱状图进行跨境电商数据分析

（一）运用二维柱状图比较数据大小

柱状图，又称长条图、柱状统计图、条图、条状图、棒形图，是一种以长方形的长度为变量的统计图表。作为基本的图表形式，二维柱状图常用来比较数值大小。

例如，某跨境电商公司在欧洲市场某月的订单数量如表 5-2 所示。

表 5-2　某跨境电商公司在欧洲市场的订单数量

单位：个

	Country （国家）	Order quantity （订单 数量）		Country （国家）	Order quantity （订单 数量）		Country （国家）	Order quantity （订单 数量）
AT	Austria （奥地利）	35	HR	Croatia （克罗地亚）	20	NL	Netherlands （荷兰）	60
BE	Belgium （比利时）	27	HU	Hungary （匈牙利）	142	NO	Norway （挪威）	33
BG	Bulgaria （保加利亚）	108	IE	Ireland （爱尔兰）	63	PL	Poland （波兰）	110
BY	Belarus （白俄罗斯）	6	IS	Iceland （冰岛）	28	RO	Romania （罗马尼亚）	84
CH	Switzerland （瑞士）	4	IT	Italy （意大利）	210	RS	Serbia （塞尔维亚）	31

	Country (国家)	Order quantity (订单数量)		Country (国家)	Order quantity (订单数量)		Country (国家)	Order quantity (订单数量)
CZ	Czech (捷克)	155	LI	Liechtenstein (列支敦士登)	16	RU	Russia (俄罗斯)	55
DE	Germany (德国)	368	LU	Luxembourg (卢森堡)	1	SE	Sweden (瑞典)	3
DK	Denmark (丹麦)	90	LV	Latvia (拉脱维亚)	25	SI	Slovenia (斯洛文尼亚)	15
EE	Estonia (爱沙尼亚)	18	MC	Monaco (摩纳哥)	11	SK	Slovakia (斯洛伐克)	30
ES	Spain (西班牙)	50	MD	Moldova (摩尔多瓦)	23	UA	Ukraine (乌克兰)	9
FI	Finland (芬兰)	136	MK	Macedonia (马其顿)	7	UK	United Kingdom (英国)	160
FR	France (法国)	256	MW	Montenegro (黑山)	19			

通过表 5-2 不足以直观地了解欧洲地区各国家的销售情况，可以通过二维柱状图进行可视化展示。操作步骤如下。

1. 打开 Excel 文件，将表中数据输入 Excel 表格；

2. 为了清晰看出各销售市场订单数量的排名，选中"Order quantity（订单数量）"，进行降序排列，然后再选中 Excel 表格中的所有数据；

3. 在 Excel 上方的工具栏中选择"插入"，再点击"推荐的图表"，在弹出的插入图表对话框选择所有图表，然后选择柱形图，直接使用默认的簇状柱形图即可。

得到二维柱形图如图 5-2 所示，图中可以清楚地看到在欧洲市场销售排名前 3 位的国家分别是 DE（Germany）、FR（France）、IT（Italy）。

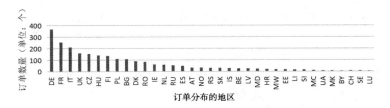

图 5-2 某跨境电商公司在欧洲市场的订单数量

（二）运用排列图分析累加数值

在跨境电商运营领域，也有着运营者熟知的"二八分布"现象，即"20% 的区域与用户占据了 80% 的市场份额"。虽然在实际的运营过程中，其数值的比例不一定像"二八分布"一样精确，但是小比例人口与区域占据大比例市场份额的现象却十分常见。

因此，为了能够通过图表找到占据 80% 份额的市场，可以运用排列图分析累加数值。操作步骤如下。

1. 打开 Excel 文件，将表中数据输入 Excel 表格；

2. 为了清晰看出各销售市场订单数量的排名，选中"Order quantity（订单数量）"，进行降序排列，然后再选中 Excel 表格中的所有数据；

3. 在 Excel 上方的工具栏中选择"插入"，再点击"推荐的图表"，在弹出的插入图表对话框选择所有图表，然后选择"直方图"，再选择带累加数值线的"排列图"，最后点击确定，可以得到带累加数值线的排列图。

如图 5-3 所示，占据 80% 市场份额的是 DE（Germany）等 12 个国家，在欧洲市场中的比例为 12/35×100% = 34%，即在该跨境电商公司的欧洲市场上，34% 的区域占据了 80% 的市场。

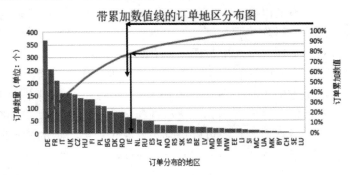

图 5-3 某跨境电商公司在欧洲市场的订单数量排列图

三、运用二维散点图和气泡图表示跨境电商数据关系

（一）运用二维散点图比较产品的表现

二维散点图是指在数理统计回归分析中，数据点在直角坐标系平面上的分布图，可以表示因变量随自变量而变化的大致趋势。作为常用的图表形式，二维散点图可以比较两个指标，常用来比较各个信息对象的不同。

例如，某跨境电商公司的 8 个产品的销售情况如表 5-3 所示。单位销售成本是指每取得 1 美元销售收入需要付出的成本，包括广告成本、人工成本、物流成本和生产成本等；利润率是销售利润与销售总收入的比值。一般来说，单位销售成本低、利润率高的产品是财务表现好的产品。

表 5-3 某跨境电商公司的产品销售情况表

产品	利润率	单位销售成本（USD）
A	80%	20
B	30%	16
C	20%	68
D	35%	50
E	70%	60
F	50%	45
G	25%	30
H	70%	18

通过表 5-3，不足以直观了解这些产品的销售表现，可以通过二维散点图进行可视化展示。操作步骤如下。

1. 打开 Excel 文件，将表中数据输入 Excel 表格；

2. 选中 Excel 表格中的利润率、单位销售成本（USD）的数据；

3. 在 Excel 上方的工具栏中选择"插入"，再点击"推荐的图表"，在弹出的插入图表对话框选择所有图表，然后选择"X Y 散点图"，直接使用默认的散点图即可，最后点击确定，可以得到包含 8 个产品表现的散点图。

4. 在散点图中标注 8 个产品，如图 5-4 所示。

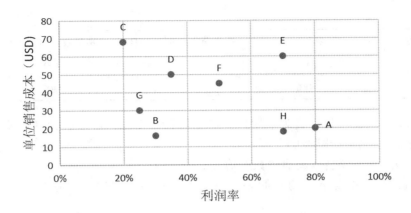

图 5-4　某跨境电商公司的产品销售情况散点图

从图 5-4 可以看到，在散点图右下角的 A、H 产品销售成本低、利润率高，是财务表现较好的产品，在散点图左上角的 C 产品销售成本高、利润率低，是财务表现较差的产品，其他产品的财务表现居中。

（二）运用气泡图观察多指标间的关系

二维散点图只能用来展示两个变量之间的关系，如果信息对象包含 3 个变量，就需要使用气泡图来展示。

气泡图可以用于展示 3 个变量之间的关系，对成组的 3 个变量进行比较。

例如，某跨境电商公司的 8 个产品的贡献情况如表 5-4 所示。为了衡量某产品对公司的贡献，除了展示单位销售成本和利润率这两个指标之外，还添加了销售收入这一指标。一般来说，单位销售成本越低、利润率越高、销售收入越高，则该产品对公司的贡献越大。

表 5-4　某跨境电商公司的产品贡献表

产品	利润率	单位销售成本（USD）	销售收入（USD）
A	80%	20	80
B	30%	16	1000
C	20%	68	120
D	35%	50	600
E	70%	60	2000
F	50%	45	1300

续表

产品	利润率	单位销售成本（USD）	销售收入（USD）
G	25%	30	400
H	70%	18	3300

通过表5-4，不足以直观了解这些产品的具体贡献，可以通过气泡图进行可视化展示。操作步骤如下。

1. 打开 Excel 文件，将表中数据输入 Excel 表格。

2. 选中 Excel 表格中的利润率、单位销售成本（USD）和销售收入的数据。

3. 在 Excel 上方的工具栏中选择"插入"，再点击"推荐的图表"，在弹出的插入图表对话框选择所有图表，然后选择"X Y 散点图"，再选择气泡图，最后点击确定，可以得到包含 8 个产品表现的气泡图。

4. 在气泡图中标注 8 个产品，如图 5-5 所示。

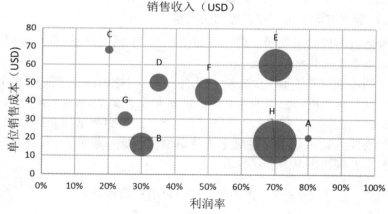

图 5-5 某跨境电商公司的产品销售情况气泡图

与二维散点图相似，气泡图的左上角代表了单位销售成本高而且利润率低的产品，处于这个区域的产品就是财务表现较为糟糕的产品；气泡图的右下角代表了单位销售成本低而且利润率高的产品，处于这个区域的产品就是财务表现较为优秀的产品。

此外，气泡的面积越大，表示产品的销售收入越高。结合气泡的大小，可以看到 H 产品的财务表现最好，对公司的贡献最大。

四、运用折线图观察跨境电商时间序列数据

折线图可以显示随时间而变化的连续数据，适合显示在相等时间间隔下数据变化的趋势。折线图也是跨境电商从业者日常运营过程中最常见的图表之一，在处理店铺日常业绩时，运营者时常需要运用折线图来进行业绩分析和运营决策，它是处理这类时间序列数据的利器。

例如，某跨境电商公司某年 6 月份的销售额如表 5-5 所示。表中一共包含了三种不同的业绩数据，分别为"总销售额""FBA 销售额""FBM 销售额"，总销售额等于 FBA 销售额和 FBM 销售额之和。

表 5-5　某跨境电商公司某年 6 月的销售额

日期	总销售额（USD）	FBA销售额（USD）	FBM销售额（USD）	日期	总销售额（USD）	FBA销售额（USD）	FBM销售额（USD）
6 月 1 日	1757	1087	670	6 月 16 日	2521	1711	810
6 月 2 日	1773	1123	650	6 月 17 日	2279	1309	970
6 月 3 日	1776	1089	687	6 月 18 日	2444	1724	720
6 月 4 日	2189	1209	980	6 月 19 日	2716	1756	960
6 月 5 日	1744	980	764	6 月 20 日	2538	1796	742
6 月 6 日	1958	1288	670	6 月 21 日	2264	1543	721
6 月 7 日	2109	1349	760	6 月 22 日	2440	1840	600
6 月 8 日	1646	1031	615	6 月 23 日	2580	1890	690
6 月 9 日	1994	1436	558	6 月 24 日	2721	1698	1023
6 月 10 日	2307	1507	800	6 月 25 日	2679	1936	743
6 月 11 日	1897	1109	788	6 月 26 日	2707	1947	760
6 月 12 日	2327	1567	760	6 月 27 日	2960	1980	980
6 月 13 日	2565	1595	970	6 月 28 日	2596	1876	720
6 月 14 日	2468	1578	890	6 月 29 日	2816	2006	810
6 月 15 日	2376	1608	768	6 月 30 日	2805	2015	790

通过表 5-5，不足以直观了解总销售额、FBA 销售额和 FBM 销售额随时间变化的趋势，可以通过折线图进行可视化展示。操作步骤如下。

1. 打开 Excel 文件，将表中数据输入 Excel 表格；

2. 选中 Excel 表格中的日期、总销售额、FBA 销售额和 FBM 销售额的全部数据；

3. 在 Excel 上方的工具栏中选择"插入"，再点击"推荐的图表"，在弹出的插入图表对话框选择所有图表，然后选择"折线图"，直接选择默认图表形式即可；

4. 最后点击确定，就可以得到 3 个销售额的折线图，如图 5-6 所示。

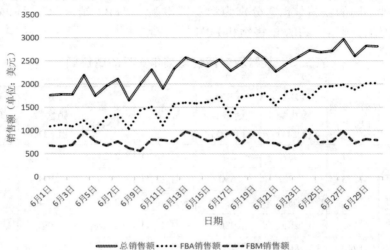

图 5-6　某跨境电商公司某年 6 月的销售额

从图中可以看到"总销售额"与"FBA 销售额"都处于一个持续上升的阶段，而"FBM 销售额"处于一个稳定的阶段。为了更清晰地看出 3 个销售额的变化趋势，可以给折线图添加趋势线（Office 2016 以上版本可以直接添加），通过趋势线可以判断未来业绩的走向，如图 5-7 所示。

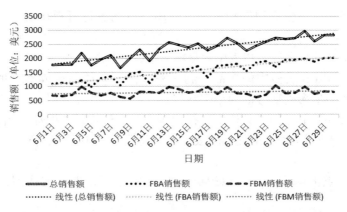

图 5-7 某跨境电商公司某年 6 月销售额的变化趋势

五、运用雷达图展现跨境电商多维数据

(一) 雷达图介绍

雷达图也称为网络图、蜘蛛图、星图、蜘蛛网图、不规则多边形图或极坐标图。雷达图与上述的柱状图、散点图、折线图不同，雷达图的核心理念是"多维对比"，它能够直观地呈现多个信息对象在多个指标上的对比情况。

(二) 绘制雷达图案例

例如，某跨境电商公司主要产品的技术指标评分如表 5-6。表中包含了 4 项指标：利润率、单位销售成本、销售收入和产品生命周期，每项指标的分值越高，则该产品表现越好。例如，A 产品生命周期的评分高，就表示该产品处于初创期，发展前景很好。

表 5-6 某跨境电商公司主要产品的技术指标评分表

产品	利润率分值	单位销售成本分值	销售收入分值	产品生命周期分值
A	5	4	1	4
B	2.5	5	4	4.5
C	2	1	2	2
D	3	2	2.5	3
E	4	3	5	5

前面图 5-5 展示了产品的 3 项指标：利润率、单位销售成本和销售收入。

为了同时展示产品生命周期指标，可使用雷达图进行可视化展示。操作步骤如下。

1. 打开 Excel 文件，将表中数据输入 Excel 表格；

2. 选中 Excel 表格中的产品、利润率分值、单位销售成本分值、销售收入分值和产品生命周期分值的全部数据；

3. 在 Excel 上方的工具栏中选择"插入"，再点击"推荐的图表"，在弹出的插入图表对话框选择所有图表，然后选择"雷达图"，选择第二个图表形式；

4. 最后点击确定，就可以得到主要产品的技术指标雷达图，如图 5-8 所示。

图 5-8 中可以看到，产品 A 的销售收入较低；产品 B 的利润率较低；产品 C、D 的各类指标评分均较低；产品 E 在销售收入和产品生命周期上表现较好，虽然单位销售成本分值低，但随着产品走向成熟，销售成本会逐渐降低。

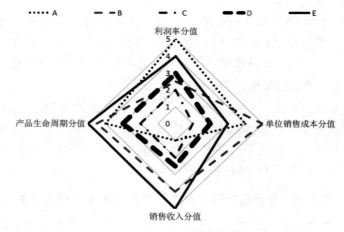

图 5-8　主要产品技术指标的雷达图

（三）制作雷达图注意事项

在雷达图的制作过程中，需要注意以下几点。

第一，雷达图展现的主体不要多于 5 个，衡量的指标不要多于 8 个；

第二，雷达图的指标必须是正向的，即数值越大，指标对应的表现就越好；

第三，雷达图的指标评分需要量化，不能进行主观评分。例如，在本任务使用的案例中，4 项指标的评价都被量化为 1~5 的分值；

第四，雷达图可以用来衡量截面数据，但是不适用于衡量时间序列数据。

六、实训任务

某跨境电商公司有 8 家店铺，这些店铺的财务数据如表 5-7 所示。

表 5-7　某跨境电商公司各店铺财务数据表

店铺	利润率	单位销售成本（USD）	销售收入（USD）
A	40%	6	50000
B	24%	30	18400
C	10%	7	13500
D	16%	10	20000
E	33%	25	40000
F	25%	5	25000
G	6%	25	18000
H	14%	20	20000

实训任务要求如下。

（一）将各个店铺的财务数据通过气泡图进行可视化展示，在气泡图中将 8 家店铺标注出来。

（二）对 8 家店铺的表现进行排序。

（三）对表现不佳的店铺进行运营指导，说出这些店铺如何才能扭转颓势。

任务三
跨境电商数据化运营案例

营销体系建设与运营是跨境电商运营的重要环节，本任务以跨境电商销售市场划分和广告运营为例，讲解跨境电商数据化运营的应用。案例的具体内容是订单的地区分布和时间分布分析，通过总结地区分布和时间分布的特点，为跨境电商运营提供借鉴。通过这些案例，可以打开跨境电商数据运营的思路，达到触类旁通的效果。

一、跨境电商销售市场划分

前面任务二中首先运用二维柱状图分析了某跨境电商公司在欧洲市场某月份的订单地区分布，然后运用排列图分析了该跨境电商公司订单数量的累加数值。为了进一步分析该公司在欧洲地区各个国家的市场地位，本任务运用树状图分析用户的市场份额，划分头部市场、长尾市场和低单市场。

跨境电商的销售市场管理存在主要方面和次要方面，通过树状图等形式进行销售市场划分，分清销售市场管理的主要方面（即头部市场）和次要方面（即长尾市场和低单市场），这是跨境电商公司进行销售市场管理的基础。

（一）市场划分原则

在了解了某跨境电商公司各个销售区域的市场份额后，就可以划分该跨境电商公司的销售市场类型，一般的划分方法为：头部市场、长尾市场和低单市场。

在绘制树状图时，需要满足两个原则。

第一，在市场划分上，"长尾市场"的市场总份额一定要比"头部市场"中第一名的区域份额大；

第二，"低单市场"的市场总份额一定要比"头部市场"中最后一名的区域份额小，或者相等。

（二）市场划分的一般标准

头部市场、长尾市场和低单市场划分的一般标准如下。

第一，头部市场：市场份额大于或等于1%的地区；

第二，长尾市场：市场份额大于或等于0.1%且小于1%的地区；

第三，低单市场：市场份额小于0.1%的地区。

需要注意的是，上述标准只是一般标准，如果这个标准违反了树状图的划分原则，就需要根据实际情况进行调整，建立一个新的市场划分标准。

（三）跨境电商公司的市场划分案例

根据以上市场划分的一般标准，某跨境电商公司在欧洲地区的初步市场划分如表5-8。

表 5-8　某跨境电商公司欧洲初步市场划分

国家	订单数量	市场份额	市场划分	国家	订单数量	市场份额	市场划分
DE	368	15.28%		SK	30	1.25%	头部市场
FR	256	10.63%		IS	28	1.16%	
IT	210	8.72%		BE	27	1.12%	
UK	160	6.64%		LV	25	1.04%	
CZ	155	6.44%		MD	23	0.96%	
HU	142	5.90%		HR	20	0.83%	
FI	136	5.65%		MW	19	0.79%	
PL	110	4.57%		EE	18	0.75%	
BG	108	4.49%	头部市场	LI	16	0.66%	
DK	90	3.74%		SI	15	0.62%	长尾市场
RO	84	3.49%		MC	11	0.46%	（6.27%）
IE	63	2.62%		UA	9	0.37%	
NL	60	2.49%		MK	7	0.29%	
RU	55	2.28%		BY	6	0.25%	
ES	50	2.08%		CH	4	0.17%	
AT	35	1.45%		SE	3	0.12%	
NO	33	1.37%		LU	1	0.04%	低单市场
RS	31	1.29%					

表 5-8 中，长尾市场的区域份额之和为 6.27%，小于头部市场第一名的区域份额（15.28%），不满足市场划分的第一条原则，所以需要重新调整市场划分标准。

经过几次尝试后，可以确定该跨境电商公司的市场划分标准为：2.1% 以上的市场份额的国家为头部市场；市场份额处于 0.5%~2.1% 之间的国家为长尾市场（长尾市场的区域份额之和为 15.37%，大于头部市场第一名的区域份额）；0.5% 以下市场份额的国家为低单市场（低单市场的区域份额之和为 1.7%，小于头部市场最后一名的区域份额）。

注意，这个划分标准并不是唯一的标准，只要符合头部市场、长尾市场和低单市场的划分原则，划分标准就是有效的。

根据新的划分标准，该跨境电商公司的市场划分如表 5-9。

表 5-9 调整后的某跨境电商公司市场划分

国家	订单数量	市场份额	市场划分	国家	订单数量	市场份额	市场划分
DE	368	15.28%		SK	30	1.25%	
FR	256	10.63%		IS	28	1.16%	
IT	210	8.72%		BE	27	1.12%	
UK	160	6.64%		LV	25	1.04%	
CZ	155	6.44%		MD	23	0.96%	长尾市场
HU	142	5.90%		HR	20	0.83%	（15.37%）
FI	136	5.65%	头部市场	MW	19	0.79%	
PL	110	4.57%		EE	18	0.75%	
BG	108	4.49%		LI	16	0.66%	
DK	90	3.74%		SI	15	0.62%	
RO	84	3.49%		MC	11	0.46%	
IE	63	2.62%		UA	9	0.37%	
NL	60	2.49%		MK	7	0.29%	
RU	55	2.28%		BY	6	0.25%	低单市场
ES	50	2.08%		CH	4	0.17%	（1.7%）
AT	35	1.45%	长尾市场	SE	3	0.12%	
NO	33	1.37%	（15.37%）	LU	1	0.04%	
RS	31	1.29%					

确定了该跨境电商公司的市场划分标准后，可以运用树状图对头部市场、长尾市场和低单市场进行可视化处理。

树状图绘制步骤如下。

第一步，在 Excel 中输入 3 种市场类型的数据。输入头部市场数据时，直接输入各个区域数据即可，不要进行市场份额求和；输入长尾市场数据时，对所有长尾市场的区域份额求和，作为一个整体输入；输入低单市场数据时，对所有低单市场的区域份额求和，作为一个整体输入。

第二步，选中 Excel 表格中的全部数据。

第三步，在 Excel 上方的工具栏中选择"插入"，再点击"推荐的图表"，在弹出的操作页面上方选择"所有图表"，然后选择"树状图"（需要使用Excel 2016 以上的版本），选择默认的图表形式。

第四步，点击右下角确定，可以得到树状图，如图 5-9 所示。

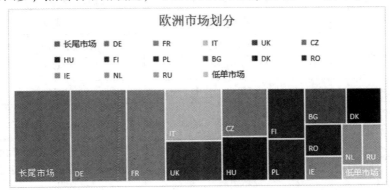

图 5-9 某跨境电商公司欧洲市场划分的树状图

(四) 树状图的应用

画出了某跨境电商公司欧洲市场划分的树状图之后，对于该公司的欧洲市场就有了直观的了解，还可以根据树状图进行人员分工：首先，低单市场的区域份额较低，暂时可以不用安排专门的销售人员进行开发，也不用安排专门的客服人员进行服务；其次，长尾市场可以作为一个整体，安排专门的销售人员进行业务开发，并配备专门的客服人员进行服务；最后，每一个头部市场都要作为一个特殊的区域，安排专门的销售人员进行业务开发，并配备专门的客服人员进行服务。

二、跨境电商销售市场的弹性分析

根据某跨境电商公司欧洲市场划分的树状图，可以了解欧洲市场分类，并进行公司人员分工，但是具体每个市场应该采取什么样的销售策略，还需要进行销售市场的弹性分析。

(一) 计算各个区域市场的平均订单价格

销售市场的弹性分析即销售市场的价格敏感度分析，价格敏感度是指用户对价格高低的接受程度。根据某跨境电商公司欧洲市场划分的树状图，可以计算出每个区域市场的平均订单价格，之后，将所有数据按照平均订单价格的降序排列，则该跨境电商公司各个区域市场某月的平均订单价格与订单数量如表 5-10 所示。

表 5-10 欧洲市场某月的平均订单价格与订单数量表

市场分类	平均订单价格（USD）	订单数量（个）
IT	59.98	210
低单市场	58.89	41
DE	57.18	368
RO	55.15	84
PL	52.14	110
CZ	50.28	155
NL	46.27	60
FR	45.62	256
DK	43.15	90
UK	40.06	160
FI	38.43	136
长尾市场	35.67	370
IE	34.29	63
HU	33.57	142
BG	31.24	108
RU	30.19	55

（二）欧洲市场价格的可视化展示

表 5-10 不足以直观展示欧洲市场的价格弹性，还需要进行可视化展示。操作步骤如下。

第一步，在 Excel 中输入市场名称、订单平均价格和订单数量的数据。

第二步，选中 Excel 表格中的全部数据。

第三步，在 Excel 上方的工具栏中选择"插入"，再点击"推荐的图表"，在弹出的操作页面上方选择"所有图表"，然后选择"组合"（需要使用 Excel 2016 以上的版本），选择默认的图表形式。设置订单平均价格为簇状柱形图、订单数量为折线图，并选择订单数量为次坐标轴，如图 5-10 所示。

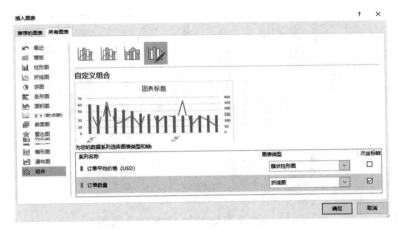

图 5-10　设置组合图

第四步，点击右下角确定，可以得到组合图，如图 5-11 所示。

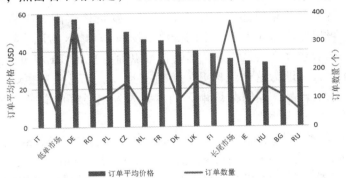

图 5-11　欧洲市场的平均订单价格与订单数量组合图

（三）欧洲市场的价格弹性分析

根据欧洲市场的平均订单价格与订单数量组合图，可以进行价格敏感度分析。一般来说，平均订单价格越低，用户对于价格变化的敏感度越高，对于高价商品越难以接受；平均订单价格越高，用户对于价格变化的敏感度越低，对于高价商品越容易接受。

根据以上分析，可以根据平均订单价格的高低，将欧洲市场分为 3 个区间：低价格敏感地区、中价格敏感地区、高价格敏感地区，如图 5-12 所示。需要说明的是，价格敏感地区的划分具有一定的主观性，划分标准不是唯一的，需要运营者根据实际情况来划分。

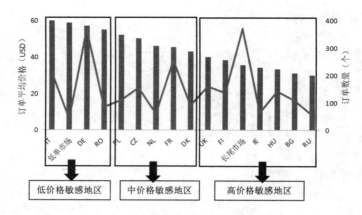

图 5-12　欧洲市场的价格敏感区间划分

由图 5-12 可知，低价格敏感地区包括 IT（Italy，意大利）、低单市场、DE（Germany，德国）和 RO（Romania，罗马尼亚）4 个地区，其平均订单价格较高，客户对价格敏感度较低，有可能选择价格较高的产品；但是，根据折线图，可以看出这 4 个地区中的低单市场和 RO 地区的订单数量较少，进行定制服务的必要性不大，所以，运营者可以确定 IT 和 DE 为重点服务对象，进行定制化运营，即为这些地区开发出价格更高、产品质量更好、更符合当地消费者需求的产品，同时为该地区消费者开发出更好的服务套餐，进行高端客户运营。

中价格敏感地区包括 PL（Poland，波兰）、CZ（Czech，捷克）、NL（Netherlands，荷兰）、FR（France，法国）、DK（Denmark，丹麦）5 个地区，其平均订单价格中等，客户对价格敏感度中等，有可能选择价格中等的产品。根据图 5-12，可以看出这 5 个地区中的 PL、NL 和 DK 地区的订单数量较少，进行定制服务的必要性不大，所以，运营者可以确定 CZ 和 FR 为重点服务对象，进行定制化运营，为这两个地区开发出价格中等、产品质量中等、更符合当地消费者需求的产品，同时为该地区消费者开发出价格中等的服务套餐，进行中端客户运营。

高价格敏感地区包括 UK（United Kingdom，英国）、FI（Finland，芬兰）、长尾市场、IE（Ireland，爱尔兰）、HU（Hungary，匈牙利）、BG（Bulgaria，保加利亚）、RU（Russia，俄罗斯）7 个地区，平均订单价格较低，这些地区的客户对价格敏感度较高，有可能选择价格较低的产品。根据图 5-12，可以看出这 7 个地区中的 IE、BG 和 RU 地区的订单数量较少，进行定制服务的必要性不大，所以，运营者可以确定 UK、FI、长尾市场和 HU 为重点服务对象，进行定制化运营，为这些地区开发出价格较低、更符合当地消费者需求的产品，同时为这些地区消费者开发出价格较低的服务套餐，进行低端客户运营。

三、跨境电商广告数据化运营

跨境电商广告运营包含的内容非常多，本任务以广告投资回报率的时间分布为例，讲解跨境电商广告运营的数据化分析。

（一）跨境电商广告类型

广告运营是跨境电商运营的重要内容，认识跨境电商广告是广告运营的基础。根据广告形式，跨境电商广告可以分为横幅广告、按钮广告、文本链接广告、电子邮件广告、竞赛和推广式广告、软性广告、插播式广告、富媒体广告、网站资源合作等；根据广告类型，跨境电商广告可以分为品牌广告和效果广告等。

以下介绍在跨境电商运营平台常见的品牌广告和效果广告。

1. 品牌广告

（1）品牌广告介绍

品牌广告（Brand Awareness），是以树立产品品牌形象，提高品牌的市场占有率为直接目的，确立品牌在消费者心目中的位置的一种方法。通俗讲就是购买某种消费品时，第一时间能想起某个品牌，这就是品牌广告的目的。

例如，亚马逊平台的品牌广告如图5-13箭头所示。

图5-13　亚马逊平台品牌广告

（2）品牌广告特点

塑造品牌形象是品牌广告最主要的目标，所以品牌广告要力图使品牌具有并且维持一个高知名度的品牌形象。任何一个广告都是对品牌的长期投资，从长远的观点看，广告必须力求维护好的品牌形象，而放弃追求短期效益。

随着同类产品的差异性减小，品牌之间的同质性增大，消费者选择品牌时所运用的理性就越小，因此描绘品牌的形象要比强调产品的具体功能特征更重要。消费者购买时所追求的是"实质利益+心理利益"，对某些消费群来说，广告尤其应该重视运用形象来满足其心理的需求。

2. 效果广告

（1）效果广告介绍

效果广告（Direct Response），指在以效果为基础的广告系统中，广告商只需要为可衡量的结果付费。通俗解释就是能看到效果的广告。头条广告（Headline Search Ads）和 CPC（Cost Per Click，单次点击成本）广告都属于效果广告。

①头条广告

头条广告是通过头条搜索的广告，可以将本公司产品展示在跨境电商平台搜索结果页面的显著位置，即搜索结果上方，从而让更多人知晓。

例如，亚马逊平台的头条广告如图 5-14 箭头所示。

图 5-14　亚马逊平台头条广告

②CPC 广告

CPC 广告以每点击一次为计费标准。

例如，亚马逊平台的 CPC 广告如图 5-15 箭头所示。

图 5-15　亚马逊平台 CPC 广告

（2）效果广告特点

效果广告的特点是短平快。效果广告要求短期看到效果，这是互联网广告的最大优势。例如，在亚马逊电商平台投的广告，消耗多少钱、有多少点击量、多少下载量和注册量，都可以监控，效果很明确。

3. 广告适用场景

一般而言，不同体量的店铺对于品牌广告与效果广告都有着不同的需求。以亚马逊店铺为例，根据日均销售额的不同，品牌广告和效果广告的适用场景如表5-11所示。

表 5-11　亚马逊店铺广告适用场景表

日均销售额	10000 美元以下	10000~50000 美元	50000 美元以上
广告类别	效果广告	效果广告	品牌广告
广告形式	CPC 广告	头条广告、CPC 广告	banner 品牌广告

（二）广告数据化运营案例

为了让大家更好地理解跨境电商广告数据化运营的方法，以某跨境电商企业为例进行讲解。

假定某跨境电商公司为初创型小公司，其跨境电商广告数据化运营的步骤如下。

1. 计算每小时广告成本

假定该公司的销售广告只有一种 CPC 广告（广告支出等于点击量乘以点击竞价）。

运营者每小时记录一次广告资金的消耗情况，得到一天内每个小时的广告支出金额，记录一周（假定为 2023 年 1 月份第 1 周）的数据，把该周每天同一时段的广告支出金额进行求和，得到该跨境电商公司该周每个小时的广告支出总金额，如表5-12所示。

表 5-12　某跨境电商公司每小时的广告支出总金额

单位：美元

广告支出时段	广告支出金额	广告支出时段	广告支出金额	广告支出时段	广告支出金额
00	70.26	08	120.03	16	720.82
01	10.35	09	480.74	17	600.76
02	50.28	10	350.86	18	410.53
03	120.35	11	300.49	19	386.95
04	40.57	12	280.37	20	421.06
05	140.78	13	400.96	21	367.36
06	100.96	14	410.83	22	486.26
07	180.62	15	500.31	23	189.39

2. 计算每小时广告回报总金额

为简化计算，假定该跨境电商公司没有自然流量，所有流量均为广告流量，所有订单均来自 CPC 广告，所以每小时的广告回报总金额计算公式如下。

每小时的广告回报总金额 = 每小时的公司利润金额 = $\sum$（该小时内订单数量 × 订单价格 × 利润率）

（1）数据采集

假定该跨境电商公司的产品利润率为 55%，该公司只在亚马逊平台经营，根据亚马逊平台的后台数据，得到该公司在 2023 年 1 月第 1 周的订单下单时间和订单单价（美元），如图 5-16 所示，该公司该周的订单数量为 560 个。

	A	B
1	purchase-date	item-price
2	2023-01-01T15:28:00-07:00	16.99
3	2023-01-01T15:57:25-07:00	12.99
4	2023-01-01T16:34:49-07:00	14.99
5	2023-01-01T16:58:26-07:00	24.99
6	2023-01-01T17:18:03-07:00	22.98
560	2023-01-07T22:37:03-07:00	31.99
561	2023-01-07T23:27:48-07:00	24.99

图 5-16　订单下单时间和订单
单价（7~559 行隐藏）

（2）数据处理

上表中的下单时间是亚马逊平台的原始数据，无法直接分析，需要把它处理为 01-23 的标准数据，才能进行订单的时间分布分析。

例如，第一个订单的下单时间为"2023-01-01T15：28：00-07：00"，为了从这条数据中提取出需要的具体下单时段"15"，需要用到 Excel 的两个函数 RIGHT 函数和 LEFT 函数，具体方法分为两个步骤：第一步，RIGHT（2023-01-01T15：28：00-07：00，14）＝ 15：28：00-07：00；第二步，LEFT（15：28：00-07：00，2）＝ 15；第三步，向下拖拽，得到所有订单的具体下单时段（即客户购买时段）。如图 5-17 所示。

	A	B	C	D
	purchase-date	purchase-date	购买时段	item-price
1				
2	2023-01-01T15:28:00-07:00	15:28:00-07:00	15	16.99
3	2023-01-01T15:57:25-07:00	15:57:25-07:00	15	12.99
4	2023-01-01T16:34:49-07:00	16:34:49-07:00	16	14.99
5	2023-01-01T16:58:26-07:00	16:58:26-07:00	16	24.99
6	2023-01-01T17:18:03-07:00	17:18:03-07:00	17	22.98
560	2023-01-07T22:37:03-07:00	22:37:03-07:00	22	31.99
561	2023-01-07T23:27:48-07:00	23:27:48-07:00	23	24.99

fx =RIGHT(A2,14)

图 5-17　处理后的订单下单时间和订单单价（7~559 行隐藏）

（3）计算广告回报金额

根据该跨境电商公司的产品利润率（55%），可以计算得到该公司一周内每个订单的利润金额，即广告回报金额，如图 5-18 所示。

fx =D2*55%

	A	B	C	D	E
	purchase-date	purchase-date	购买时段	item-price	广告回报金额
1					
2	2023-01-01T15:28:00-07:00	15:28:00-07:00	15	16.99	9.34
3	2023-01-01T15:57:25-07:00	15:57:25-07:00	15	12.99	7.14
4	2023-01-01T16:34:49-07:00	16:34:49-07:00	16	14.99	8.24
5	2023-01-01T16:58:26-07:00	16:58:26-07:00	16	24.99	13.74
6	2023-01-01T17:18:03-07:00	17:18:03-07:00	17	22.98	12.64
560	2023-01-07T22:37:03-07:00	22:37:03-07:00	22	31.99	17.59
561	2023-01-07T23:27:48-07:00	23:27:48-07:00	23	24.99	13.74

图 5-18　计算每个订单的广告回报金额（利润金额）

（4）计算每小时的广告回报总金额

图 5-18 统计了 560 个订单中每个订单的广告回报金额，还需要使用数据透视表来计算一天中每个小时的广告回报总金额。操作步骤如下。

第一步，在 Excel 中点击"插入"，再点击"数据透视表"；

第二步，选择要分析的数据"购买时段"和"广告回报金额"，选择放置数据透视表的位置为"新工作表"，点击确定，如图 5-19。

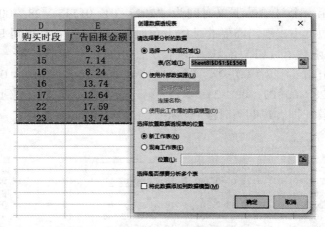

图 5-19　计算每小时广告回报总金额（第二步操作）

　　第三步，在数据透视表字段，设置行为"购买时段"，求和项为"广告回报金额"，如图 5-20 所示。

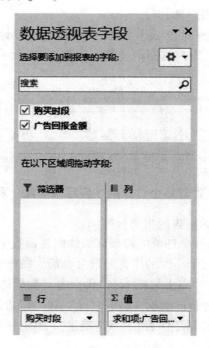

图 5-20　计算每小时广告
回报总金额（第三步操作）

最后，得到每小时广告回报总金额，将每小时广告回报总金额取两位小数，如表 5-13 所示。

表 5-13　每小时广告回报总金额

客户购买时段	广告回报总金额（美元）	客户购买时段	广告回报总金额（美元）	客户购买时段	广告回报总金额（美元）
00	73. 66	08	118. 18	16	639. 89
01	10. 99	09	489. 23	17	453. 49
02	30. 79	10	374. 81	18	425. 89
03	79. 17	11	329. 81	19	400. 16
04	24. 10	12	295. 21	20	471. 09
05	85. 21	13	562. 80	21	461. 75
06	74. 20	14	485. 24	22	666. 26
07	109. 92	15	435. 33	23	228. 64

3. 计算广告回报率

广告回报率 = 广告回报总金额/广告支出总金额。根据这个公式和前面计算的数据，可以计算得出广告回报率。仅根据广告投资回报率，并不能全面地看出公司的盈亏情况，所以添加"利润金额"分析指标，如表 5-14 所示。

表 5-14　各时段广告回报率和利润金额

时段	广告回报率（%）	利润金额（美元）	时段	广告回报率（%）	利润金额（美元）	时段	广告回报率（%）	利润金额（美元）
00	1. 05	73. 66	08	0. 98	118. 18	16	0. 89	639. 89
01	1. 06	10. 99	09	1. 02	489. 23	17	0. 75	453. 49
02	0. 61	30. 79	10	1. 07	374. 81	18	1. 04	425. 89
03	0. 66	79. 17	11	1. 10	329. 81	19	1. 03	400. 16
04	0. 59	24. 10	12	1. 05	295. 21	20	1. 12	471. 09
05	0. 61	85. 21	13	1. 40	562. 80	21	1. 26	461. 75
06	0. 73	74. 20	14	1. 18	485. 24	22	1. 37	666. 26
07	0. 61	109. 92	15	0. 87	435. 33	23	1. 21	228. 64

4. 可视化展示

根据上表数据，利用组合图进行可视化展示，步骤如下。

第一步，在 Excel 中选中时段、广告回报率和利润金额的数据。

第二步，在 Excel 上方的工具栏中选择"插入"，再点击"推荐的图表"，在弹出的操作页面上方选择"所有图表"，然后选择"组合"（需要使用 Excel 2016 以上的版本），选择默认的图表形式。设置利润金额为簇状柱形图、广告回报率为折线图，并选择利润金额为次坐标轴。

第三步，点击右下角确定，可以得到组合图，如图 5-21 所示。

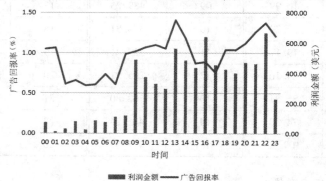

图 5-21　广告回报率和利润金额展示图

5. 辅助决策

根据图 5-21 可以得出以下结论。

第一，0 点和 1 点，广告投资回报率高于 1，公司处于盈利状态；但是，这段时间内的利润金额非常小，业务量非常少。所以，从广告运营的角度，可以维持该时间段的广告曝光；同时，可以安排少量的员工值班，以节约人力资源成本。

第二，在 2 点到 7 点这段时间内，广告投资回报率低于 1，公司处于亏损状态；而且这段时间内的利润金额非常小，业务量非常少。所以，从广告运营的角度，可以暂停该时间段的广告曝光，以减少销售成本；同时，该时间段内可以不安排员工工作，以降低人力资源成本。

第三，在 8 点到 14 点、18 点到 23 点这两段时间内，广告投资回报率都高于 1，公司处于盈利状态；而且这两段时间内的利润金额都非常大，业务量非常多。所以，从广告运营的角度，可以维持该时间段的广告曝光，尤其是 13 点和 22 点这两段时间处于广告投资回报率的峰值，可以适当提高 CPC 广告竞价的金额，以增加曝光，获得更高的流量和更多的销售收入；同时，在这两段时间内要多安排员工，尤其在9点、13点、22点这三个利润金额的峰值，需要安排有经验的员工，甚至是主管和业务经理来值班，以便更好地服务顾客。

第四，在15点到17点这段时间内，广告投资回报率低于1，公司处于亏损状态；但是这段时间内的利润金额非常大，即业务量非常多。所以，从广告运营的角度，可以适当降低CPC广告竞价的金额，以降低广告成本，但是不能关闭CPC广告；同时，要多安排员工，尤其16点处于利润金额的峰值，需要安排有经验的员工，甚至是主管和业务经理来值班，以便更好地服务顾客。

四、任务总结

本任务运用Excel，通过跨境电商市场划分、跨境电商市场价格弹性分析讲解了跨境电商用户地区分布的数据化运营，通过广告投资回报率讲解了跨境电商广告时间分布的数据化运营，希望达到介绍数据化运营原理的目的。

除了Excel，还可以运用其他方法进行跨境电商数据化运营。除了跨境电商地区分布和时间分布分析，跨境电商数据化运营还可以应用于跨境电商产品体系建设与运营、跨境电商营销体系建设与运营、跨境电商物流体系建设与运营、跨境电商服务体系建设与运营和跨境电商财务体系建设与运营等方面。本书仅为大家打开跨境电商数据化运营的一扇门，跨境电商数据化运营的进一步应用，有待读者进行下一步的开发。

五、实训任务

已知某跨境电商公司在美国市场的销量如表5-15所示。

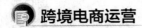

表5-15 某跨境电商公司在美国市场的销量

单位：个

州名简称	州名全称（英文）	州名全称（中文）	订单数量	州名简称	州名全称（英文）	州名全称（中文）	订单数量	州名简称	州名全称（英文）	州名全称（中文）	订单数量
AK	Alaska	阿拉斯加州	8	ky	Kentucky	肯塔基州	44	NY	New York	纽约州	302
AL	Alabama	亚拉巴马州	45	LA	Louisiana	路易斯安那州	68	OH	Ohio	俄亥俄州	193
AR	Arkansas	阿肯色州	24	MA	Massachusetts	马萨诸塞州	63	OK	Oklahoma	俄克拉荷马州	27
AZ	Arizona	亚利桑那州	40	MD	Maryland	马里兰州	74	OR	Oregon	俄勒冈州	30
CA	California	加利福尼亚州	316	ME	Maine	缅因州	10	PA	Pennsylvania	宾夕法尼亚州	208
CO	Colorado	科罗拉多州	55	MI	Michigan	密歇根州	78	RI	Rhode Island	罗得岛州	13
CT	Connecticut	康涅狄格州	24	MN	Minnesota	明尼苏达州	39	SC	South Carolina	南卡罗来纳州	47
DC	Washington DC	华盛顿哥伦比亚特区	5	MO	Missouri	密苏里州	49	SD	South Dakota	南达科他州	6
DE	Delaware	特拉华州	5	MS	Mississippi	密西西比州	49	TN	Tennessee	田纳西州	56
FL	Florida	佛罗里达州	235	MT	Montana	蒙大拿州	6	TX	Texas	得克萨斯州	260
GA	Georgia	佐治亚州	167	NC	North Carolina	北卡罗来纳州	80	UT	Utah	犹他州	38
Hi	Hawaii	夏威夷州	6	ND	North Dakota	北达科他州	12	VA	Virginia	弗吉尼亚州	84
IA	Iowa	艾奥瓦州	30	NE	Nebraska	内布拉斯加州	18	VT	Vermont	佛蒙特州	2
ID	Idaho	爱达荷州	12	NH	New Hampshire	新罕布什尔州	13	WA	Washington	华盛顿州	42
IL	Illinois	伊利诺伊州	210	NJ	New Jersey	新泽西州	95	WI	Wisconsin	威斯康星州	53
IN	Indiana	印第安纳州	43	NM	New Mexico	新墨西哥州	12	WV	West Virginia	西弗吉尼亚州	16
KS	Kansas	塔萨斯州	42	NV	Nevada	内华达州	27	WY	Wyoming	怀俄明州	11

实训任务要求如下。

（一）请根据该公司在美国市场的销量进行市场划分，确定头部市场、长尾市场和低单市场。划分标准要满足两个原则：第一，在市场划分上，"长尾市场"的市场总份额一定要比"头部市场"中第一名的区域份额大；第二，"低单市场"的市场总份额一定要比"头部市场"中最后一名的区域份额小，或者相等。

（二）根据头部市场、长尾市场和低单市场的划分标准，绘制树状图。

（三）根据树状图，对该跨境电商公司进行人员分工。

巩固练习

一、不定项选择题

1. 跨境电商数据化运营有两个基本原则（　　　）。

A. 决策主观化 　　　　　　　　B. 过程经验化

C. 结果可视化 　　　　　　　　D. 过程标准化

E. 跨境电商客户服务与品牌建设

2. 数据化运营可以分为（　　　）步骤。

A. 数据采集 　　　　　　　　　B. 数据处理

C. 数据分析 　　　　　　　　　D. 辅助决策

3. 数据采集方法可分为（　　　）。

A. 付费购买 　　　　　　　　　B. 人工采集

C. 报表采集 　　　　　　　　　D. 自动化抓取采集

4. 跨境电商数据化分析的方法非常多，常见的有（　　　）。

A. 跨境电商运营平台自带的数据分析 　　B. Excel 分析

C. 专业的数据分析软件 　　　　D. 专业公司的数据分析服务

5. 运用气泡图进行数据分析时，可以比较（　　　）个数据指标。

A. 1 　　　　　　　　　　　　B. 2

C. 3 　　　　　　　　　　　　D. 4

6. 适合对连续的时间序列数据进行分析的图表是（　　　）。

A. 柱状图 　　　　　　　　　　B. 气泡图

C. 雷达图 　　　　　　　　　　D. 折线图

7. 适合对 4 个及 4 个以上的多维指标进行对比的图表是（   ）。

A. 柱状图　　　　　　　　　　　B. 气泡图

C. 雷达图　　　　　　　　　　　D. 折线图

8. 运用树状图划分跨境电商公司的销售市场，一般的划分类别为（   ）。

A. 头部市场　　　　　　　　　　B. 脚部市场

C. 长尾市场　　　　　　　　　　D. 低单市场

9. 价格敏感度是指用户对价格高低的接受程度。一般来说，平均订单价格越低，用户对于价格变化的敏感度（   ）。

A. 越低　　　　　　　　　　　　B. 越高

C. 无法预料　　　　　　　　　　D. 不变

10. 绘制树状图时，"长尾市场"的市场总份额一定要比"头部市场"中第一名的区域份额（   ）。

A. 更大　　　　　　　　　　　　B. 更小

C. 相等　　　　　　　　　　　　D. 随意

二、讨论题

你认为怎样才能做好跨境电商数据化运营？

项目六　跨境电商品牌运营

【知识目标】

1. 理解品牌的含义；
2. 熟悉品牌的影响因素；
3. 熟悉传播的法则；
4. 掌握品牌传播的途径；
5. 掌握企业品牌形象内容及评价。

【技能目标】

1. 能够开展品牌战略规划；
2. 能够开展品牌形象的评价；
3. 能够开展有效的品牌传播。

【素质目标】

1. 培育学生系统解决问题的能力；
2. 培养学生的创新能力；
3. 培养学生的工匠精神。

任务一
品牌创意策划

中国制造是世界上认知度较高的标签之一，因为中国的快速发展和庞大的工业制造体系，从服装到电子产品，这个标签可以在广泛的商品上找到。中国制造是一个全方位的概念，它不仅包括物质产品，也包括文化和人文内涵。中国制造在进行物质产品出口的同时，也将人文文化和国内的商业文明连带输出到国外。中国制造成为当今中国向全球输出的品牌力量，必将对中国在世界的影响力和竞争力等方面产生持续和深远的影响。

那么，作为一个跨境电商企业，该如何打造企业品牌，提升竞争力？首先就必须学会品牌创意策划，因为跨境电商企业的品牌创意策划与传统企业有很多相似的地方，所以本任务从传统企业的角度来介绍跨境电商企业如何开展品牌创意的策划活动。

一、品牌和品牌创意介绍

（一）关于品牌的含义

根据"现代营销学之父"科特勒在《市场营销学》中的定义，品牌是销售者向购买者长期提供的一组特定的特点、利益和服务。

根据《辞海（第七版）》，品牌亦称"厂牌""牌子"，是指企业对其提供的货物或服务所定的名称、术语、记号、象征、设计，或其组合，主要供消费者识别之用。

品牌的组成可分为两部分：一是品牌名称，指品牌中可用语言称呼的部分；二是品牌标志，指品牌中可以被识别但不能用言语称呼的部分，如符号、设计、色别等。企业如将某品牌在政府有关主管部门注册登记以后，即成为商标。

（二）品牌的载体

品牌是给拥有者带来溢价、产生增值的一种无形的资产，它的载体是用于和其他竞争者的产品或劳务相区分的名称、术语、象征、记号或者设计及其组合，增值的源泉来自消费者心中形成的关于其载体的印象。品牌承载的更多是一部分人对其产品以及服务的认可，是品牌商与顾客购买行为间相互磨合衍生的产物。

（三）品牌的构成要素

品牌是企业的灵魂和精髓，是企业营销活动和创新机制围绕的中心。

品牌的主要构成要素包括品牌名称、品牌标志、品牌口号、品牌形象、品牌故事和品牌声誉等。品牌一般体现以下内容：产品质量好，这是品牌确立的基础；产品美观，实用；产品适应特定群体的消费水平；产品注意消费者的反映，并以此作为改进产品质量、花色品种的重要依据；产品有科学性和实用性；产品有创意，就是具有新颖性和创造性。

（四）品牌创意

1. 品牌创意的概念

创意是品牌的灵魂，品牌创意就是从品牌整体角度出发的创意表现方式，它被要求在品牌的每个产品或每项服务的广告中得以体现，从而通过重复、集合、时间积累强化整体品牌形象，形成个性，从而实现与竞争品牌有效区分。

消费者对品牌创意的要求往往是新鲜的、有趣的、明确的、深刻的，因此品牌创意是生产商与消费者沟通互动的桥梁。

2. 品牌创意的重要性

品牌创意是品牌营销中至关重要的一环，它能够帮助品牌在激烈的市场竞争中脱颖而出，并提高品牌价值和知名度。

打造一个成功的品牌，不仅应该有生产能力、管理的能力，还要有了解消费需求，打动和启发消费者的能力。因此，提升品牌的创意发挥，运作好品牌创意管理，就成为成功品牌营运的要因。品牌创意的可贵，就在于其不只是缔造品牌文化，更使品牌的潜能得以发挥，打开了消费者不同的心智模式，丰富的想象空间。

创意的优劣能直接引起消费者和目标群体的共鸣或反感，好的创意能为品牌直接加分，品牌创意潜移默化地影响着人们的消费观念和生活方式，品牌创意往往印刻在人们的大脑意识中，从而转化为有形的商业价值。

3. 品牌创意的目标

品牌创意的目标在于引导消费者，从而实现商业利益。没有创意的品牌产品趋同性很高，不能让消费者产生印象和记忆，常常是赔钱赚吆喝；而成功的品牌创意总能出奇制胜，激发消费者的情感共鸣，带动产品迅速造势，并且掌控市场。

品牌创意需要在深入全面了解消费习惯、价值取向、文化背景、沟通方式等内容的基础上，从产品本身、顾客服务、质量体系、形象传达等方面进行分析，为产品品牌传播建立标准体系，树立产品品牌在消费者心目中的良好形象，通过品牌营销创造更多的消费需求。

二、品牌创意的影响因素

当今时代，无论是国家还是企业，都十分注重品牌形象的建立与维护，好的品牌形象可以极大提升跨境电商企业的影响力和竞争力，也成为企业可持续发展的战略动力源。一个好的品牌形象需要从一个好的品牌创意做起，品牌创意主要的影响因素有以下几点。

（一）品牌创意合规

无规矩不成方圆，品牌创意更是要合规，合乎国际和国家对品牌创意的政策法律法规的要求，尤其不能触碰国家关于品牌创意的底线要求。在进行品牌创意的过程中，对涉及国家利益、政治、知识产权等相关素材的使用更要慎重，这是品牌创意合规的基础。品牌创意合规，品牌才能行稳致远。

（二）品牌创意的文化影响因素

文化是人类在社会实践过程中所创造的物质财富和精神财富的总和，它包括诸如信仰、价值观、社会行为方式、美学、艺术、风俗习惯等。不同的地理特征造就了不同的文化，赋予了文化独特的内涵，展现了不同的精神风貌。品牌要扎根于所处的文化土壤当中，要代表地域文化，传达更多本土文化。伴随着全球经济一体化，品牌营销需要在不同文化背景下进行，面对不同的文化观念，企业应该适时依据当地文化的特征调整其品牌形象。

在众品牌兴起的时代，品牌创意对企业发展起着至关重要的作用，文化作为品牌设计中的核心要素，只有把握本土文化的内涵，赋予品牌深厚的文化底蕴，才能凸显品牌的力量。

（三）品牌创意的情感影响因素

品牌创意应该以人类的情感需要为基础，打造有人文关怀的品牌，以此来吸引消费者；品牌创意在建立品牌与用户之间的情感关系时，应该从本能、反思两个层面入手。

本能水平的设计中，品牌创意要通过形态、颜色、材质等来刺激人的感官，抓住人们的第一印象。

反思水平的设计注重的是信息、文化以及产品或者产品效用的意义，对于使用者而言，反思水平的设计重在唤起使用者的回忆，提升自我认知，而且和产品传递的信息有关。

（四）品牌创意的生态影响因素

人们同自然界都处在同一个生态系统里，因此作为品牌创意人员要以节约资源、保护环境为使命，创造出改善生态环境的设计品牌。要注重人与自然、人与环境、人与社会的和谐相处，形成相互影响、相互依存的协调统一关系。

（五）其他影响因素

品牌创意的影响因素还有很多，例如，企业品牌战略目标。

企业在进行品牌创意时，必须综合考虑各项影响因素，将企业的文化内涵、设计理念融入品牌创建过程中，以此提升品牌的价值和服务，使得品牌设计发挥其真正的价值，提高企业的形象。

三、企业的品牌战略规划

品牌战略规划是一个系统工程，品牌战略规划并非一蹴而就的，需要科学严谨地分步骤实施，只有平衡、协调地进行每一个实施方案，才能取得品牌战略规划的预期效果。品牌战略缺失，绝无打造强势品牌的可能。要高效创建强势品牌，就必须做好跨境电商企业的品牌战略规划，关键是围绕以下4条主线做好企业的品牌战略规划。

（一）构建品牌识别系统，并以品牌识别系统指导企业营销

品牌识别是能够引起人们对品牌美好印象的联想物，可以影响与改变消费者的品牌认知与品牌态度。为了构建品牌识别系统，首先需要进行市场调研，充分研究市场环境、目标消费群与竞争者，为品牌战略决策提供指导；然后，提炼高度差异化、清晰明确、易感知、有包容性和能触动和感染消费者内心世界的品牌核心价值，以核心价值为中心构建品牌识别系统，使品牌识别与跨境电商企业营销传播活动的对接具有可操作性。

以品牌识别指导企业营销，使每一次营销活动都演绎和传达出品牌的核心价值、品牌的精神与追求，确保企业的每一分营销广告投入都为品牌做加法，都能提升品牌资产。

（二）优选品牌化战略与品牌架构

品牌战略规划中很重要的一项工作，是规划科学合理的品牌化战略与品牌架构。企业采用单一品牌还是多品牌？各个品牌之间的关系如何协调？品牌化战略与品牌架构优选战略就是要解决这些问题。可以根据品牌化战略与架构的7种模式（综合品牌战略、衍生品牌战略、主副品牌战略、多品牌战略、双品牌战略、担保品牌战略、隐身品牌战略），实施对应的品牌战略规划。

（三）进行理性的品牌延伸扩张，获取最大利润

作为企业的核心资产，品牌的重复利用是没有成本的，品牌战略规划的重要一环就是通过理性的品牌延伸与扩张，充分利用品牌资源这一无形资产，实现跨境电商企业的跨越式发展。因此，品牌战略管理的重要内容之一，就是对品牌延伸扩张进行科学和前瞻性的品牌战略规划：提炼具有包容力的品牌核心价值，预埋品牌延伸的管线；抓住时机进行品牌延伸扩张；有效回避品牌延伸的风险；延伸产品、强化品牌的核心价值与主要联想，并提升品牌资产。

（四）科学管理，累积丰厚的品牌资产

要创建强势大品牌，累积丰厚的品牌资产，首先，要完整理解品牌资产的构成，透彻理解品牌资产各项指标如知名度、品质认可度、品牌联想、溢价能力、品牌忠诚度的内涵及相互之间的关系。在此基础上，结合跨境电商企业的实际，制订品牌建设所要达到的品牌资产目标，使企业的品牌创建工作有一个明确的方向，做到有的放矢。其次，围绕品牌资产目标，创造性地策划低成本提升品牌资产的营销传播策略。同时，要不断检查品牌资产提升目标的完成情况，调整下一步的品牌战略规划。

品牌战略规划必须胸怀品牌战略的根本性大局与最终目标，不折不扣地用品牌核心价值与个性去统帅一切营销传播活动，才能打造强势品牌。所以，在日常的营销传播活动中要注意不陷入一城一池的得失，为此，跨境电商企业要加强品牌战略的学习、建立起科学的品牌管理组织架构和流程，才能实现品牌战略规划的落地。

四、品牌创建的方法论

成功的方法有很多，选对了方法，就会少走许多弯路。在品牌创建上，跨境电商企业选对方法，就可以让品牌创建工作做到有理可依，避免出现品牌创建失败的风险。品牌创建方法的理论研究有很多，下面介绍三大类分别基于不同的应用环节开展品牌创建的理论。

（一）利用广告进行品牌创建的理论

1. USP 理论

USP 理论是罗瑟·瑞夫斯在从事广告工作 20 多年后提出的一个品牌产品的推广理论。1961 年在他所著的《实效的广告》一书中，对 USP 做了如下阐述。

（1）每一个广告必须向顾客提出一个主张。

（2）这个主张必须是竞争对手不能提出或没有提出的。

（3）这个独特的主张必须能够打动成千上万的读者。

所以，USP 的理论核心思想非常清楚，在品牌产品推广时，必须有一个

"独特的销售主张（Unique Selling Proposition，USP）"，这个主张要有广泛的吸引力，并确切告诉顾客：买下它对你有什么好处（暗示不买它就有害处）。因此，瑞夫斯被认为是强卖观点代表。

他特别强调消费者从广告中仅仅记住一件事，例如，一个强有力的概念等，这是为什么在一个广告只能有一个 USP 的原因。此外在他的理论中认为广告应该能够抓住人们的注意力，在此基础上对 USP 的观念不断地重复。这样人们才能牢牢记住。

根据瑞夫斯实践，他相信广告更多是科学和研究，而不是艺术作品。因此，瑞夫斯在品牌产品推广中，经常使用科学的论证。USP 理论中的独特销售主张的基础是产品，是通过挖掘产品的功能性和独特点找到 USP。此外，USP 理论认为，广告在推出产品后，在其生命周期内，其广告战略总体不应该改变，要改变的只是形式而已。可见，瑞夫斯在当时就认识到了品牌广告前后一贯的必要性。

2. 品牌形象理论

与罗瑟·瑞夫斯同时代的另一位广告人——被称为广告教父的大卫·奥格威根据自己广告和品牌创建的实践，提出了品牌形象理论，即一个好的广告应该不让人们认为这是一个广告，不应该强卖，而是应该让顾客在无意识下购买你的产品，这个思想与 USP 的观点完全不同。

大卫·奥格威认为，为品牌产品树立个性和发起一个成功的广告运动非常重要，企业必须决定品牌是一个怎样的形象，就像一个人必须有自己的个性，企业品牌也必须有自己的形象，这个形象决定了企业是成功还是失败。

如何树立形象？他认为，广告不是娱乐，而是要提供信息，促使顾客购买的不是广告的形式，而是广告的内容。按照品牌形象理论，广告的内容就包含着创意的个性形象。

3. 品牌定位理论

1972 年，拉·里斯和杰克·特劳特提出了定位理论。定位的基本思想是：要在客户的头脑里给产品定位。但是他们认为定位本质上不改变产品，产品的价格和包装事实上都丝毫未变，定位只是在顾客脑子里占一个有价值的地位，独树一帜。这首先需要分析消费者的大脑。定位的基本假设前提是社会的传播已经过度，人们的大脑非常简单，只会记住简单信息。这样就产生一个问题：如何进军大脑，实现占位？

里斯和特劳特提出的基本方法是发现或创建心理位置，强调心理位置第一和产品的独特性。如果没有第一的位置，可以通过与第一挂钩的方式，如比附定位，这样在人们记住第一的同时，还知道第二等。另外的方法是给心理位置第一的品牌重新定位，让它让出位置，并使自己进入这个位置。

定位理论认为，定位一旦成功，就会在人们头脑中形成固定思维，即一个品牌代表什么形象会形成认知定势，改变往往是徒劳的，轻易放弃原来的定位通常会带来不良后果。

（二）基于营销的品牌创建理论

1. 基于顾客价值创造的品牌创建理论

基于顾客价值创造的品牌创建理论由美国学者凯文·莱恩·凯勒提出，凯勒认为，品牌的价值基于顾客的认知，以及由这个认知而产生的有无品牌的差异性反应：如果这个差异性反应是正面和积极的，则这个品牌就有正的价值；反之，如果顾客做出的是消极的反应，则这个品牌就有负的品牌价值。

品牌创建就是要创建基于顾客的品牌正面价值。凯勒指出，顾客不仅包括个人消费者，而且包括机构购买者。因此，这个概念不仅适用于最终消费品的品牌创建，也适用于工业用品的品牌创建。

凯文·莱恩·凯勒还提出了一个品牌创建理论模型，企业创建品牌是通过一系列的创建工具实现的。凯勒把这些工具分为三大组，分别是品牌构成的要素、配套的营销策略组合，以及影响顾客对品牌联想的各种辅助性工具。首先是选择品牌要素，其中包括品牌名称、标志、符号、产品包装、营销口号和品牌特征等，通过有意识地选择，以达到如下目的：富有意义、易于记忆、可延伸、有适应力和可保护性。其次是营销组合策略的开发，他采取了4P（产品 Product、价格 Price、推广 Promotion、渠道 Place）的表达方式，认为产品策略体现产品的功能性和象征性利益，价格是产品价值的体现，创造感知价值，渠道策略是对"推"和"拉"策略的整合应用，然后通过整合传播策略，传播和显示品牌价值。再次是品牌创建的相对次要的一些变量，包括品牌产品的原产地、公司、分销渠道、赞助品牌等，目的是建立品牌更丰富的联想，帮助品牌提升知名度、美誉度，使品牌更有意义。

通过上述三个工具应用，实现两大直接目的：在顾客心目中建立起知名度和品牌联想。知名度分为品牌认知的深度和宽度，其中认知的深度是指品牌的识别性（提示下辨认的速度和正确度）和记忆性（无提示下能够回忆和表达的程度）；而品牌认知的宽度是指顾客实际购买和消费的频率，经常购买、偶尔购买等。品牌联想在凯勒的理论中，包含3个方面：品牌联想的强度（相关性和内在一致性）、喜欢程度（满意和兑现承诺情况）、独特性（包括是否有竞争力、是否有独特性，也就是定位）。

凯勒强调，无论是品牌的知名度还是品牌联想的建立，都是品牌创建三大工具共同作用的结果。这一点与前述的基于广告的品牌创建理论有着显著的区别。从这个角度讲，凯勒的理论是一个"品牌设计+营销整合"的品牌创建理论，更加全面，思考的出发点和目的是顾客价值感知。

凯勒认为，品牌的创建过程实际上就是整合利用这些工具（投入），进而影响消费者的品牌感知和品牌联想，最终创造出品牌的价值（产出）。而一个强势或著名品牌就是一个具有很高价值的品牌，凯勒认为可以从八个方面评价品牌价值：品牌的忠诚度；不易受到竞争性营销行为伤害；更大的边际利润；对降价富有弹性；顾客对涨价不敏感；提高营销沟通的效果和效率；可能的许可收益；对品牌延伸更加积极的反应。

2. 基于品牌识别模型的品牌创建理论

大卫·艾格的品牌识别理论是对凯勒的全面营销品牌创建理论的极大补充。该品牌识别模型认为，品牌识别系统的建设分为 3 个步骤。

第一步，进行品牌的战略分析。包括顾客分析，具体分析内容包括市场趋势、动机、未满足的需要和市场区隔；竞争者分析，包括竞争者的品牌形象、品牌识别、品牌战略、品牌弱点等；自我分析，包括品牌形象、历史、实力和能力、组织价值等。

第二步，设计品牌识别系统。品牌识别由品牌精髓、品牌核心和延伸识别 3 个部分组成。

通过上述对品牌识别的界定，确定品牌给顾客创造的价值目标导向为功能性利益、情感性利益还是自我表达利益，明确本品牌是否可以为其他品牌提供支持。在品牌识别、品牌的顾客价值和品牌与其他品牌关系的基础上，明确"品牌—顾客关系"，这样一个完整的品牌识别系统的设计工作就完成了。在大卫·艾格看来，品牌识别本质上是不应该改变的，特别是品牌的精髓和核心不应该改变。而品牌识别的核心部分，通常会体现在品牌的定位和广告传播过程中，因此，实际上就要求定位不变、广告的风格和传统内容的基本不变。在这一点上与 USP 理论和定位理论是比较一致的。

第三步，品牌识别系统的实施。首先是更形象化地诠释品牌识别，然后进行品牌定位，积极向目标受众传播品牌识别和它的价值取向，再进行品牌创建的一系列具体的活动，最后是效果追踪和评价。

大卫·艾格的品牌识别理论，比较系统地整合了 USP 理论、形象论和定位论的合理的思想内核，形成了更加完整的品牌创建理论。同时它与凯勒的基于顾客价值的品牌创建理论比较，明确地指明了品牌的创建改进方向——围绕品牌识别开展品牌创建工作。除非有充分的证据，才对品牌识别的一些要素进行改进。

（三）结合外部环境的、由内而外的愿景导向型品牌创建理论

愿景导向型品牌创建理论是由德·彻纳东尼最先提出的，他创造性地开发了一个从品牌愿景到品牌评估等一系列工作构成的品牌创建和维护流程：品牌愿景开发—组织文化—品牌目标—审核品牌环境—确立品牌本质—内部保障措施—寻求品牌资源—品牌评估，并反馈到品牌愿景。

在这个理论中，有一个基本假设：如果员工的个人价值观与品牌倡导的价值观（品牌愿景）越一致，那么员工就越会感觉"有责任去实现品牌的承诺，有责任去支持品牌"。因此，他认为"某些职工的价值观和品牌的价值观不一致，是不可想象的"。这个品牌创建理论对服务行业非常有实践指导性。

五、实训任务

1. 任务介绍

作为一名品牌运营主管，请你运用基于顾客价值创造的品牌创建理论，并选择一个跨境电商企业的主营产品作为分析对象，分析该企业的主营产品能为顾客创造哪些价值，最后使用百度脑图工具（naotu. baidu. com）制作一份思维导图作为分析结果，最后将所有内容制作成PPT。

2. 任务开展与评价

完成PPT后，在同学中寻找一位合作伙伴，与小伙伴相互展示PPT，并与小伙伴进行相互宣讲、相互打分和相互点评；学习委员将PPT和打分点评记录收集起来，交给老师检查。

评分标准如表6-1。

表6-1　主营产品分析评分表

序号	评分标准	评分分值	得分	点评
1	主营产品属性介绍详细	30		
2	主营产品顾客价值准确	50		
3	思维导图内容分类清晰	10		
4	思维导图美观	10		
总计		100		

任务二
打造品牌形象

一、品牌形象的定义、内容及评价

（一）品牌形象的定义

品牌形象的概念虽然早已提出，但它的内容却随着市场、媒体及人们对形象的深入不断变化。品牌形象是一个综合性的概念，是营销活动寻求建立的，受到形象感知主体主观感受及感知方式、感知前景的影响，而在心理上形成的一个联想性的集合体，品牌形象是一种资产，品牌形象具有独特个性。

（二）品牌形象的构成内容

良好的品牌形象是跨境电商企业在市场竞争中的有力武器，深深地吸引着消费者。品牌形象内容主要由两方面构成：第一方面是有形的内容，第二方面是无形的内容。

品牌形象的有形内容又称为"品牌的功能性"，即与品牌产品或服务相联系的特征。从消费和用户角度讲，"品牌的功能性"就是品牌产品或服务能满足其功能性需求的能力。例如，洗衣机具有减轻家庭劳务负担的能力；照相机具有留住人们美好瞬间的能力等。品牌形象的这一有形内容是最基本的，是生成形象的基础。品牌形象的有形内容把产品或服务提供给消费者的满足与品牌形象紧紧联系起来，使人们一接触品牌，便可以马上将其功能性特征与品牌形象有机结合起来，形成感性的认识。

品牌形象的无形内容主要指品牌的独特魅力，是营销者赋予品牌的，并为消费者感知、接受的个性特征。品牌形象的无形内容主要反映了人们的情感，显示了人们的身份、地位、心理等个性化要求。

（三）品牌形象评价

品牌形象可以用量化的方法来考察。常用指标有：品牌知名度、品牌美誉度、品牌认知度、品牌美丽度、品牌传播度和品牌忠诚度。

1. 品牌知名度

品牌知名度是指品牌被公众、目标行业或目标受众知晓的程度，是评价品牌形象的量化指标。考察知名度可以从三个不同角度进行，即公众知名度、行业知名度、目标受众知名度。

2. 品牌美誉度

品牌美誉度是指品牌获得公众信任、支持和赞许的程度，它体现了公众对某一品牌的好感和信任程度，是现代企业形象塑造的重要组成部分。对美誉度的考察也可从公众美誉度、行业美誉度、目标受众美誉度三个方面研究，品牌美誉度反映品牌社会影响的好坏。

3. 品牌认知度

品牌认知度指品牌被公众认识、再现的程度，它体现了消费者对品牌内涵及价值的认识和理解程度，是品牌资产的重要组成部分。

4. 品牌美丽度

品牌美丽度指品牌从视觉上对人的冲击程度，以及心理上给人以美的享受的程度；与品牌美誉度强调客观接受不同，品牌美丽度更偏重直观的感受。

5. 品牌传播度

品牌传播度指企业告知公众品牌信息、劝说购买品牌以及维持品牌记忆的程度。它衡量品牌传播的穿透力，是品牌力塑造的主要途径。品牌传播是企业满足消费者需要，培养消费者忠诚度的有效手段。

6. 品牌忠诚度

品牌忠诚度主要指公众对品牌产品使用的选择程度。忠诚度高的顾客长期反复地购买使用品牌产品，并对品牌产生一定的信任、承诺、情感维系，乃至情感依赖，愿意为品牌做出贡献。

品牌形象的评价常采用市场调研的方法实现，由于条件限制，在实际工作中很难做到面面俱到，可以选择以上几个指标进行综合评价。

二、如何打造企业品牌形象

品牌形象可以传达企业的品牌理念和价值观。例如，微软公司的品牌形象设计以"窗户"的形象为主，窗户代表着开放、透明和互动的品牌形象，与微软公司一直强调的开放、互动和创新的理念相吻合；同时，微软公司的"窗户"品牌形象还具有简约、时尚、高质量的特点，这些都成功地传达了企业的品牌理念和价值观。

打造品牌就是运用营销手段来塑造品牌形象。品牌打造得好，就是品牌形象塑造得出色。严谨地说，品牌形象的打造有一个模式、三条途径：一个模式就是"整合品牌营销"模式，三条途径就是导入"品牌形象识别系统"、"品牌推广运营系统"和"品牌管理控制系统"。只要按照这个方法运行，品牌形象就一定能够树立起来；不过，这个方法是一个较大的品牌工程。

首先我们要明白，品牌形象不是孤立存在的，它是由许多营销中的其他形象罗织起来的，如产品的形象、价格的形象等，它们都关系到品牌形象的建设。一个好的品牌形象至少有七条有关的形象在创建品牌时需要共同来打造，它们是"品质形象""价格形象""通路形象""广告形象""促销形象""顾客形象""企业形象"。

（一）打造品质形象

品质形象是品牌形象的基础。打造好的品质形象并不是简单地提高产品的质量，关键是要建立起"良好品质"的印象，良好的第一印象是成功的一半。另外，产品需要改良的地方很多，要从何处下手呢？一定要先从能够"看上去就好"的地方下手，品质形象不能仅仅停留在"用了就说好"的层面上，要做到"看了就说好"才行。所以，品质形象要有"看得见、摸得着、感受得到"的好处，才能满足打造品牌的要求。

（二）建立价格形象

消费者常用产品零售价格的高低来形容其价格形象，认为高价格就是好形象，价格低就是坏形象，这的确有失公允。应该说，价格的高低是相对而言的。在与同类的比较中，产品才有高低之分。在产品缺乏"看上去就好"的形象时，高价会有损品牌形象，消费者可能会问"凭什么"。但当产品的优良品质形象建立时，低价也会有损品牌形象，消费者可能会问"为什么"。所以品质形象和品牌形象是价格形象的基础，那些以成本定价者太保守，以利润定价者太感性，"品质/价格"和"品牌/价格"的定价模式才更合乎打造品牌形象的需求。

（三）打造通路形象

完整的销售通路是中间行销加上终端行销，中间行销指的是批发销售，终端行销指的是零售。通路的形象必须建立在零售商的基础上，零售商的形象就是通路形象。

（四）建立广告形象

做市场就要做广告，但做广告可不一定就能做好市场；卖产品就要做广告，但做广告可不一定就能卖出产品。造成这一尴尬结果的原因，很多情况下是广告形象不好。建立广告形象，企业有两条可控制因素和一条不可控制因素。可控制的因素：一是选择大媒体做广告，二是进行大投入做广告。不可控制的因素就是广告质量，包括创意和制作水平。

（五）建立促销形象

销售促进是一种十分有效的市场推广手段，但它也是一把双刃剑。在品牌打造过程中，经常需要使用一些促销技巧，品牌经理就必须仔细考虑哪些促销方法有可能损害品牌形象。"打折销售"就是一种损害品牌形象的促销方法，而"大甩卖"就等于把品牌扔进了泥潭。一般来说，与"降价"有关的促销方式对品牌形象的打造不利；但特殊情况下，"狠狠地降一回价"也可以引起一波市场革命。

（六）建立顾客形象

20世纪70年代，美国人里斯和特劳特的"定位论"的营销理论诞生后，产品就不再是为大众服务了，而是为一部分人所享有，这一部分人就产生了特定的"顾客形象"。

建立顾客形象最有效的方法就是使用价格门槛。如想招揽大多数人的生意，就放低价格门槛；如为少数人服务，就制定高价，设置价格障碍，价格自然会把人群区隔开来。

（七）建立企业形象

品牌是隶属于一个企业的，品牌形象与企业形象是息息相关的。建立企业形象，可从"有形的建设和无形的建设"入手，前者指的是导入企业形象识别系统，后者指的是营造企业的精神文化。但这些都是企业内部的打造，建立企业形象还需要进行媒体的宣传报道，如果缺乏媒体的支撑和传播，企业的形象就不可能转化为市场的形象，企业的形象终究还是要得到市场和社会的承认。

一旦形成了品牌效应的市场格局，就可以避开价格争霸，进入良性品牌竞争的轨道，经营决策的目的就达到了。

三、如何打造强势的企业品牌

（一）了解顾客，发现需求

跨境电商企业的市场营销信息来源于市场，很多知名品牌企业都是通过连续不断地市场调研和信息收集来研究目标客户和顾客，有些跨境电商企业甚至在营销过程中建立起有效的沟通渠道，保障信息流的畅通。凡是注重市场信息和市场调研的跨境电商企业，其品牌地位明显强于其他品牌。

作为深圳千岸科技股份有限公司（以下简称"千岸科技"）旗下的核心品牌之一，Ohuhu从亚马逊多个站点的布局再到品牌独立站的建立，成为美术用品领域的知名中国出海品牌。根据亿恩网的数据，Ohuhu品牌仅仅凭借一支小小的马克笔，在2023年的销售额就达9000万美元，截至2023年底，Ohuhu在TikTok上的话题浏览量超4亿。

Ohuhu品牌的成功离不开"了解顾客，发现需求"的战略。Ohuhu将品牌的目标人群定位在艺术家、热爱创作的学生及其他绘画爱好者，通过独立站、社交平台集结这些绘画爱好者，打造一个圈子粉丝群。通过这些平台与用户直接形成了一个沟通的桥梁，通过与用户间深层次的交流互动，充分了解了用户的需求，也理解了用户对产品的反馈。这样基于用户需求、针对不同的国家地区和消费习惯，Ohuhu 制订了不同的产品打造方案，深得客户喜欢。以欧美市场为例，消费者对产品的品牌和品牌有着较高的要求，因此 Ohuhu 在欧美地区主打 Honolulu 高端系列的产品，可以满足大部分消费者的需求；而在印度市场，消费者更加注重价格和性价比，因此在印度市场主打中低端系列的 Ohuhu 产品，可以更好地满足印度大部分消费者的需求。

（二）保持长期战略思维

品牌的成功并不是朝夕之功，很多企业过于急功近利，常常通过一些市场炒作或者制造突发事件等非常规营销手段，使品牌迅速被消费者熟知和了解，到后来却因缺乏品牌的系统化建设和投入，导致品牌成长周期如昙花一现。品牌形象的打造应保持长期战略思维。

作为中国（杭州）跨境电子商务综试区大力宣传的"杭州质造企业"，杭州骑客智能科技有限公司（以下简称"杭州骑客"）的系列产品畅销美国、欧洲、日本等国家和地区。杭州骑客的成功离不开长期战略思维的坚持，即对核心产品技术——智能平衡车新技术孜孜不倦、持之以恒的追求。公司自成立以来投入大量资金进行智能平衡车新技术的研发，在国内外形成产品设计、专利、商标等知识产权全面保护的布局体系，在全球拥有各种专利 600 余项，全球注册商标 120 多项。自 2016 年 3 月起，杭州骑客应对美国国际贸易委员会"337 调查案"3 件，均胜诉，在多年的诉讼拉锯战中，公司充分意识到专利的重要性，由原先的"被动应诉型"企业转变为"主动维权型"企业，在专利布局、专利研发方面不断加大企业投入，并获得较多的维权赔偿，形成企业"专利研发—专利维权"的良性循环，增强了国内企业研发专利技术的信心。

（三）持续产品创新

一个品牌的成功离不开持续的产品创新，世界上很多跨国公司都投入巨大的研发费用来保证产品的持续创新。如今的中国正处于经济转型的十字路口，产品创新对于品牌的市场地位来说尤其重要，具有产品创新意识的企业，才会保证品牌资产的增长，增强品牌的核心竞争力，丰富品牌内涵。

（四）质量战略支撑

产品质量是品牌市场地位的最大支撑因素，没有过硬的产品质量，不但不会树立起良好的品牌形象，还可能会破坏已经在消费者心目中形成的品牌声誉。很多企业就是因为忽略产品质量而被市场淘汰，也有很多知名品牌依靠质量战略攻城拔寨，支撑了强大的品牌市场地位。

（五）产品线扩展战略

许多跨境电商企业为了保证品牌的宣传推广力度，实行产品线扩展战略，通过生产不同规格和形式的产品，来保证目标市场和消费者有更多的选择空间和余地，并有效地获得更多的产品展示空间，从而有效防止潜在竞争者因未被满足的需求而挤进来的局面。

成立于 2011 年的安克创新科技股份有限公司（以下简称"Anker 公司"）是国内营收规模最大的全球化消费电子品牌企业之一，公司主要销售渠道为亚马逊、eBay、天猫等海内外线上平台，在亚马逊等境外大型电商平台上占据领先的行业市场份额，同时在北美、欧洲、日本和中东等国家和地区，通过与沃尔玛、百思买以及贸易商合作，线下收入增长快速。

Anker 公司拥有庞大的产品线，包括种类繁多的智能配件和智能硬件，但是 Anker 公司也是从亚马逊平台上一个小小的"充电头"做起的，Anker 公司成功赚取第一桶金、打响品牌知名度后，就逐步开始自主研发，进军音频、智能家居赛道。2015 年起，持续发展中的 Anker 公司采取多品牌思路，孵化出 Nebula、Eufy 和 Soundcore 三大子品牌，逐步形成了以 Anker 为核心的充电类品牌，以 Eufy 和 Nebula 为主的智能创新类品牌，以及以 Soundcore 为代表的中高端音频类品牌矩阵。依靠成功的产品线扩展战略，Anker 公司最终成长为全球领先的消费电子品牌运营商。

（六）品牌扩展战略

许多跨境电商企业通过品牌扩展战略去推广新产品，在一个强有力的现行品牌下推广一种新产品，可以保证新产品迅速被市场认可和承认，同时，能够减少企业很多品牌宣传和市场推广方面的开支和费用。近年来，品牌扩展战略被越来越多的企业所认可和使用。

品牌扩展战略和产品线扩展战略是相互联系的，品牌扩展战略也被越来越多的跨境电商企业所认可和使用，比如上文提到的 Anker 公司在扩展产品线的同时，也扩展了品牌。

（七）多品牌战略

多品牌战略是指一个公司在相同产品类型中推出几个品牌，以便每种品牌能够满足不同细分市场和消费者的需求，并能够与一些特定的竞争者展开市场竞争。

知名跨境电商企业在实施产品线扩展战略和品牌扩展战略后，多品牌战略就势在必行。如前文所述，Anker 公司旗下有 Nebula、Eufy 和 Soundcore 三大子品牌，千岸科技旗下除了有绘画用品 Ohuhu 品牌外，还有蓝牙音频 Tribit、运动户外 Sportneer 等主力品牌。

（八）以大量广告和媒体作为先锋

广告依然是目前最有效、最迅速的品牌推广和宣传手段之一。跨境电商企业不仅可以借助报刊、广播、电视等传统媒体，还可以借助计算机网络、无线通信网、卫星等渠道，在电脑、手机、数字电视等新兴终端，投放大量的广告，在消费者中建立强有力的品牌知名度和消费者偏好，帮助品牌建立稳固的市场地位。

（九）打造积极进取的销售队伍

品牌地位最终还要落实到具体的市场营销活动中，并因此而取得可观的销售业绩和利润，这是企业建立强势品牌的最终目的。一支积极进取的销售队伍对于一个品牌的推广极为重要，只有通过销售队伍的努力，才可以保证品牌更大范围、更加深刻被目标市场和消费者所接受和认可。

（十）建立品牌管理系统

从系统建设来看，一个品牌要有专门的人员来进行管理负责。品牌管理系统不但要有一套行之有效的内部运营系统，还要时刻关注市场和竞争者，以提高品牌的市场接受度和竞争能力。

四、实训任务

（一）任务介绍

作为品牌运营主管，请你选择一个跨境电商企业，运用本任务的品牌形象评价指标对该企业的品牌形象以及公司竞争对手的品牌形象进行评价，并比较各自的优劣势，最后将所有内容制作成 PPT。

（二）任务开展与评价

完成 PPT 后，在同学中寻找一位合作伙伴，与小伙伴相互展示 PPT，并与小伙伴进行相互宣讲、相互打分和相互点评；学习委员将 PPT 和打分点评记录收集起来，交给老师检查。

评分标准如表6-2。

表6-2　跨境电商企业品牌形象评分表

序号	评分标准	评分分值	得分	点评
1	评价数据全面	30		
2	评价数据无误	30		
3	评价分析结论合理	30		
4	PPT 制作美观	10		
总计		100		

任务三
传播品牌影响力

孔子提出："人而无信，不知其可也。"可见，诚信是每个人的立身之本。孔子的思想深刻影响着他的弟子和后人，他的弟子曾子杀彘的故事，就是诚信典型例子。曾子的妻子为了不让儿子跟自己到集市去，就骗孩子在家待着，等自己回来后杀猪给他吃。妻子回家后，曾子认为作为父母不能与小孩开玩笑，说话不算话，就真的杀了猪，煮了猪肉给儿子吃。父母以身作则，言而有信，真诚待人，才能培养出诚信的孩子，这也体现了父母的个人价值准则。品牌在传播过程中，也需要遵循诚信的法则和做事原则，这样才能少走弯路，获得成功。

一、品牌传播的法则

有人说品牌是"卖"出来的，有人说品牌是"炒"出来的，其实，无论品牌是如何产生的，都离不开传播。品牌形成的过程，实际上就是品牌通过持续有效地传播而逐渐占据消费者心智的过程。

在品牌决定生存的今天，众多品牌为了争夺消费者的心智资源，展开了品牌传播的竞争。那么如何实现品牌传播的最优化？以下为品牌传播的5种法则。

（一）与众不同

品牌传播只有与众不同才能从众多品牌中脱颖而出，夺人眼球。拾人牙慧，千篇一律，则只能让品牌迅速淹没在茫茫的信息海洋中。

我们生活在一个信息爆炸的年代，很多信息在大脑中转瞬即逝。如果这时一个清新独特、与众不同的画面或声音出现在面前，一定会令人耳目一新，为之一振。所以与众不同能使品牌"万绿丛中一点红"，以低成本吸引消费者眼球。

很多大师的理论都佐证了与众不同法则。20世纪50年代，罗瑟·瑞夫斯的"独特销售主张（USP）"引起业界关注；20世纪60年代，大卫·奥格卫的"品牌形象"诞生并流行，强调品牌形象要有与众不同的个性，切忌人云亦云；20世纪70年代，拉·里斯 和杰克·特劳特的"定位"理论风靡业界，主张品牌定位应创造消费者心理位置的"No.1"。

那些成功品牌大都卓尔不群，与众不同。例如，宝洁公司虽然品牌众多但各具特色，所以并没有在内部竞争；王老吉"预防上火"避开了与可口可乐等饮料巨头的直接碰撞，开辟了自己的生存空间。

（二）持续一致

广告大师大卫·奥格卫说过，品牌应该有简单清晰的利益诉求，并且保持持续地传播，才能有效地占领消费者的脑海，获取消费者的青睐。

品牌传播的根本目的就在于长期地占据消费者的心智，只有不断地、重复地传播相同的信息，才能积累消费者的注意力和记忆度，才能深入人心，并确保不会被消费者很快地更新掉。如果品牌传播诉求朝令夕改、前后矛盾，并且断断续续，缺乏一致性，那么消费者就会雾里看花，难以记住品牌的利益诉求。

品牌传播的持续一致要求品牌的核心价值、个性内涵贯穿一致，始终不变，而围绕品牌核心价值主线的广告创意、代言人、广告语等，则应该把握时代的脉搏，"同中求异"，不断为品牌注入新的活力。

（三）简洁明晰

消费者真正能记到脑子里的信息往往是耳熟能详的简单的东西。在品牌传播过程中，简洁明晰、通俗易懂的信息才容易讲得出、听得进、记得住、传得开，才能使消费者产生共鸣；复杂烦琐、晦涩难懂的信息往往令人不堪负荷而丧失兴趣，自然难以深入人心。

品牌传播一定要注意简洁明晰，通俗易懂，尽量使用简化通俗的信息，使消费者易于记忆、过目不忘，达到品牌传播的最优化。为什么那些国际强势品牌能深入人心，经久不衰，正因为它们的品牌信息简洁明晰、通俗易懂。例如，麦当劳的标志"M"简洁明了，在繁杂的城市建筑中似一道引人注目风景线，给人以强烈的视觉冲击力，使人过目不忘。

（四）有的放矢

在何处"说话"才能让目标消费群体"听"到？怎样做才能避免信息盲目传播？

品牌传播一定要找到同目标消费群体的可能接触点，在恰当的接触点，集中火力发起强有力的攻势，把品牌信息有效地传播给目标消费群体，做到有的放矢，最大限度节约品牌传播费用，使企业的传播费用都花在刀刃上。

（五）动人心弦

美国学者舒尔兹认为，创意面临的最大挑战是驱逐那些枯燥、夸大、卖弄却言之无物的语言，代之以符合消费者期望的、真正有意义的、能够帮助消费者解决问题，并且能改善他们生活的资讯。

人们往往偏爱与自己期望相一致的信息，传播动人心弦的信息是品牌与消费者建立关系的不二法门。

品牌传播要善于洞察消费者的情感，要让创意源于生活、紧贴生活，并以一种生动、亲切、有趣的手法传播，才能动人心弦，产生共鸣。

二、品牌传播的途径

品牌传播的途径需要创新，根据品牌传播的环境创新品牌传播的途径，才能更好地传播品牌，提升品牌的影响力；伴随着互联网的快速发展，品牌传播的途径也发生了巨大变化，线上线下多渠道的传播日益成熟。品牌传播的途径主要有以下几种。

（一）赞助传播

赞助传播是指企业通过资助某些公益性、慈善性、娱乐性、大众性、服务性的社会活动和文化活动来开展宣传，塑造企业形象和品牌，实现广告的目的，从而促进产品的销售。

1. 赞助传播的优势

（1）新闻性强，品牌曝光率高；

（2）公众的认可度高，传播效率自然；

（3）针对性强，受众参与度高；

（4）投资回报率相对高。

2. 赞助传播的劣势

（1）干扰信息多；

（2）易受竞争对手影响；

（3）效果测定困难。

3. 应用策略

（1）审核公司现有的资源和实力；

（2）谨慎地选择赞助对象；

（3）与其他品牌传播手段优势互补；

（4）防范竞争对手的隐性营销；

（5）要有系统长期地战略规划；

（6）科学测定赞助效果。

（二）公关传播

公关传播是带有明确目的性的传播，其职责具体表现在 3 个方面：创造舆论，告知公众；强化舆论，扩大影响；引导舆论，控制形象。

1. 公关传播的优势

（1）传播成本相对较低；

（2）冲破商业信息的杂乱；

（3）接近难以接触的消费者；

（4）提升品牌新的可信度；

（5）潜移默化地影响受众。

2. 公关传播的劣势

（1）传播的效果难以量化；

（2）信息需经过媒体的过滤。

3. 应用策略

（1）品牌公关传播的一般程序

①调查研究，界定公关传播的问题；

② 制订传播计划与确定方案；

③采取行动和传播；

④ 公关传播评估。

（2）品牌公关传播的主要内容

①员工关系；

② 消费者关系；

③ 投资者关系；

④ 社区关系；

⑤ 政府关系；

⑥ 媒体关系。

（3）品牌公关传播的切入点

① 公司的重大事件；

② 企业的高层人物；

③ 商业性公关活动；

④ 公益活动。

（4）品牌公关传播的主要方式

① 印刷刊物（内部刊物或企业品牌专著）；

②新闻宣传。

（5）品牌公关传播的应用原则

① 关联性；

② 适时而动；

③ 和谐与协调；

④ 整合其他传播工具；

⑤ 掌控信息源。

（6）应用公关传播工具需要注意的问题

① 要熟识公众的心理；

② 重视公关传播的质量；

③ 遵循求真务实的原则。

（三）广告传播

广告传播是以盈利为目的，以企业为主体的广告主所进行的有关商品、劳务、观念等方面的广告信息传播。

1. 广告传播的优势

（1）本身可承载品牌信息；

（2）传播过程具有可控性；

（3）传播形式丰富多样；

（4）具有多种传播功效；

（5）包含娱乐元素，容易被消费者接受并再次传播。

2. 广告传播的劣势

（1）传播成本较高；

（2）传播环境恶化；

（3）传播频率过高时，消费者存在排斥心理。

3. 应用策略

（1）通盘考虑各个环节；

（2）对广告运作过程精耕细作；

（3）让每条广告都为品牌服务；

（4）综合运用其他传播手段和多种媒体；

（5）进行持续性的长期投入。

（四）包装传播

包装传播就是充分地利用产品包装推广品牌调性的方式。

1. 包装传播的优势

（1）针对性强，能产生及时传播效应；

（2）为广告信息提供有益补充；

（3）易于产生流动传播效果；

（4）传播成本相对较低，且灵活多变。

2. 包装传播的劣势

（1）易于追风模仿，并造成混乱；

（2）创意空间受限。

3. 应用策略

（1）品牌传播应考虑的因素

① 消费者心理；

② 品牌发展的不同阶段；

③ 产品所属行业。

（2）品牌包装传播应注意的问题

① 包装设计要与品牌定位相一致；

② 包装设计要有独特性；

③ 满足消费者物质和精神双重层面的需求；

④ 避免过度包装，忽视产品本质；

⑤ 将包装和其他品牌传播活动相结合。

（五）促销传播

1. 促销传播的优势

（1）容易吸引消费者的注意和参与；

（2）沟通渠道简化，与目标消费者直接接触；

（3）互动性强，易于获得消费者信息和反馈。

2. 促销传播的劣势

（1）传播对象有限；

（2）传达信息较少；

（3）影响品牌溢价能力。

3. 应用策略

（1）品牌促销传播的适用情况

① 以大众消费品为主；

② 适用于对促销信息较为敏感的目标消费群；

③ 常用于品牌初创及发展期。

（2） 品牌促销传播应该注意的问题

① 促销要以维护品牌的利益为前提；

② 促销形式要灵活多样；

③ 合理控制促销力度；

④ 在促销中采集消费者信息；

⑤ 促销要有长期的规划。

（六） 互联网传播

互联网传播就是将互联网作为传播媒介，运用属于互联网技术的各种工具达到品牌传播目的的传播方式。

1. 互联网传播的优势

（1） 丰富的信息承载量；

（2） 多元化的传播手段；

（3） 相对低廉的传播成本；

（4） 更具时效性且超越时空；

（5） 个性化的信息传播；

（6） 主动的信息接受方式；

（7） 强大的多维互动功能；

（8） 具有可信性的第三方证言。

2. 互联网传播的劣势

（1） 受众有所局限；

（2） 效果评估存在缺陷。

3. 应用策略

（1） 体验式的传播——在体验中获取品牌信息；

（2） 社区式传播——展示"同质"群体的影响力；

（3） 病毒式传播——品牌信息的迅速复制；

（4） 数据库传播——让品牌信息精确到达。

（七） 代言人传播

代言人传播就是指企业在综合分析竞争环境、竞争对手以及消费者心理的基础上，结合自身产品或服务的特点，特意聘请或塑造的可在指定的营销活动中为其品牌做宣传的形象。

1. 代言人传播的优势

（1） 代言人的证词效应能够提升品牌的可信度；

（2）使用品牌代言人形成的传播效应难以复制；

（3）品牌代言人的使用具有兼容性，经常被利用到多种形式的品牌传播中；

（4）创意空间较大，易于进行创意延伸。

2. 代言人传播的劣势

（1）费用昂贵；

（2）代言人可能存在丑闻等代言风险；

（3）难以迎合所有目标消费者的喜好；

（4）对于某些购买时需要理性分析的产品品牌可能作用并不很大；

（5）可能会分散受众对品牌的注意力，使受众将注意力集中在代言人身上。

3. 应用策略

（1）品牌代言人选择策略

① 品牌代言人形象与品牌识别的契合；

② 代言人特征与目标受众相符；

③ 品牌代言人的选择与品牌发展阶段的需要相符合；

④ 根据具体的传播活动的需要选择恰当的代言人。

（2）品牌代言人应用策略

① 代言人的使用要以突出品牌价值为中心；

② 与其他品牌传播工具相结合，进行整合品牌传播；

③ 注意区域化的品牌代言策略；

④ 使用品牌代言人需要维持连贯性和一致性；

⑤ 创建品牌效果追踪系统。

（八）体验传播

1. 体验传播的优势

（1）充分调动多重知晓；

（2）易于产生联想和回忆；

（3）极具个性化色彩；

（4）直接用于消费者；

（5）具有高度互动性。

2. 体验传播的劣势

（1）传播范围有限；

（2）成本投入相对较大；

（3）传播效果很容易受到其他因素的影响。

3．应用策略

（1）品牌传播的核心要素：利益、互动、唯一；

（2）品牌体验传播的主要环节：产品、服务、销售终端；

（3）品牌体验传播的三大互动层级：静态观摩、动态感知、深度参与。

（九）口碑传播

1．口碑传播的优势

（1）传播源可信度高；

（2）信息传播具有针对性和互动性；

（3）易于形成流行；

（4）传播成本较低；

（5）传播环境单纯，干扰度低。

2．口碑传播的劣势

（1）传播范围有限；

（2）容易受到传播者个人的主观因素的影响；

（3）传播过程难以准确掌控；

（4）口碑传播效果不易测量。

3．应用策略

（1）提供优质产品或服务；

（2）鼓励消费者参与并分享体验；

（3）善于利用社交媒体。

三、案例分析——依云品牌创意传播

《庄子·天运》载，美女西施因为心口疼，便经常手捂胸口，皱着眉头。邻居的丑女看见了，觉得姿态很美，也学她的样子，结果丑女更丑了。后人将这个丑女称作东施。"东施效颦"这个成语比喻模仿别人，不但模仿不好，反而出丑。同样，企业在进行品牌传播过程中，不应机械地照搬照抄或生硬地模仿，而是要根据自身的资源进行有针对性地借鉴和优化，否则就容易变成东施效颦。

依云（evian）是法国达能集团旗下的天然矿泉水品牌，主要依靠亚马逊、eBay 等跨境电商平台，以及天猫、京东等本土化电商平台销售，取得了惊人的销售业绩。根据鳌头财经发布的数据，从 2020 年开始，依云矿泉水占据了中国高端矿泉水约 20% 的市场份额，在全球市场的占有率也超过 10%，几乎成为高端水的代名词。

以亚马逊美国站为例，在 2023 年 11 月 22 日依云矿泉水的搜索结果如图

6-1所示，左一店铺的评论数量达到26704个，可见依云矿泉水在亚马逊美国站的销售情况良好。

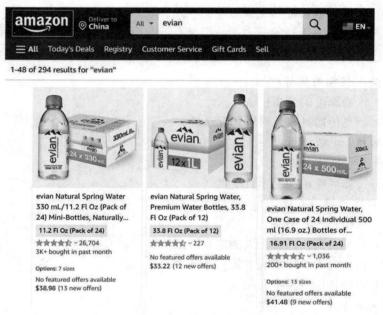

图6-1 依云矿泉水在亚马逊美国站的部分搜索结果

以京东为例，在2023年11月22日依云矿泉水的搜索结果如图6-2所示，图中有两个店铺的评论数量达到100万+，可见依云矿泉水在京东的销售情况火爆。

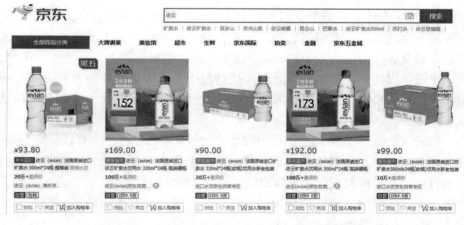

图6-2 依云矿泉水在京东的部分搜索结果

几乎没有本土化的线下门店，主要依靠亚马逊、eBay 等跨境电商平台，以及天猫、京东等本土化电商平台，依云矿泉水能够取得如此惊人的销售业绩，以品牌营销为核心的跨境电商站外运营功不可没。

作为高端饮用水品牌，水源地来自法国依云镇，背靠阿尔卑斯山，面临莱芒湖，远离污染和人为接触，企业提出了天然、健康、纯净的品牌理念。消费如此高端矿泉水的消费者，他们自然不仅仅在意于物质满足，更多是精神层面的满足，例如，天然、纯净，其实更多的是想象层面的追求。对于消费者心理，达能集团分析后认为，如果将依云与文化、时尚、艺术结合起来，既不会让依云高端形象受损，又能调动消费者的购买欲望。依云开始频频参与一些重要场合，例如，2003 年八国集团首脑会议在法国埃维昂（依云镇）召开，依云矿泉水成了指定饮品。这种独特的价值分享带给消费者独特的体验，也将依云的品牌价值准确地传递出去，从而成功地征服了消费者。

依云品牌的成功对于中国跨境电商企业进行品牌传播具有重要的借鉴意义，如何让自身的品牌在激烈的竞争品牌中脱颖而出，除了产品竞争，还可以学习和借鉴依云以品牌营销为核心的跨境电商站外运营经验。

（一）注重品牌价值的影响力

企业如果不注重品牌价值，忽视品牌的影响力，最终只能分得微薄的利润。产品本身存在优秀的地方，却不懂得推广和营销，则可能导致无销路，特别是中国的中小跨境电商企业，要加强对品牌的投资，增强企业品牌的知名度和影响力。

（二）清晰品牌定位

无论什么企业，生产什么产品，首先要清楚产品卖给谁，了解目标对象的消费心理，了解其需要什么样的产品，再来研究企业品牌需要附加什么价值，赋予何种意义，只有这样，产品才能够适销对路，有市场价值。

（三）寻求品牌差异化

依云让一个普通的雪山融水，变成了奢侈物，这就好比农夫山泉有点甜，让自己显得不一样，拥有亮点，和消费者建立一定的情感联系，从而在品牌营销的过程中取得不同于其他产品的效果，总的一句话，就是让自己与众不同，包括你的产品，服务，形象等，如果你感觉他们和别的企业一样没有区别，那么，运用方法和手段，让他们不一样。

（四）把握现代消费者的时尚与文化心理

依云与文化、时尚、艺术结合起来，既不会让依云的高端形象受损，又能调动消费者的购买欲望，这反映了依云充分抓住了消费者需求的心理认知。

对于中国中小型跨境电商企业，抓住消费者的消费心理和中国传统文化特征，从中寻找诉求点，对于企业产品的销售具有借鉴意义。

（五）灵活运用公关策划和创意广告传播

依云的创意传播过程中，不仅综合利用了重要场合来宣传自己，而且赞助一些诸如足球赛事等活动，良好的传播策划造就了独特的价值分享，带给消费者独特的体验，也将依云的品牌价值准确地传递出去，从而成功地征服了消费者。

对于我国中小跨境电商企业来说，创意地运用公关策划与创意广告，能够让自己减少不必要的宣传费用，造成眼球效应，使自身品牌形象和产品能得到良好的宣传。

（六）品牌经营要创新

跨境电商企业品牌经营的创新包含着管理创新，产品创新、服务创新以及最重要的营销创新，此外，也不能够缺少创新的头脑和人才。

（七）渠道的多样化和价值链创造

依云进入中国市场，选取了五星级酒店、高档商场、酒吧等场所作为终端，在这些地方，依云的放置则选取了特别的地点，例如摆放在高档酒店的客户房间里，之所以这样做，就是让没有接触过依云品牌的消费者从侧面了解依云；同时，在高档酒店摆放的矿泉水自然也是高档的，价格即使贵些，消费者也能接受，这样既在消费者心中树立了依云的品牌形象，又有力带动了销售。

四、实训任务

（一）任务介绍

作为品牌运营主管，请你选择一个跨境电商企业，并为该企业的品牌设计一份传播途径解决方案，最后将所有内容制作成 PPT。

（二）任务开展与评价

完成 PPT 后，在同学中寻找一位合作伙伴，与小伙伴相互展示 PPT，并与小伙伴进行相互宣讲、相互打分和相互点评；学习委员将 PPT 和打分点评记录收集起来，交给老师检查。

评分标准如表 6-3。

表 6-3　跨境电商企业品牌形象评分表

序号	评分标准	评分分值	得分	点评
1	品牌传播途径合理	20		
2	品牌传播途径具体	20		
3	品牌传播途径性价比较高	20		
4	品牌传播途径预期效果明显	20		
5	PPT 文档排版规范、美观	20		
总计		100		

巩固练习

一、不定项选择题

1. 品牌创意的影响因素有（　　）。

A. 文化因素　　　　　　　　　B. 情感因素

C. 生态因素　　　　　　　　　D. 企业品牌战略目标

2. 利用广告进行品牌创建的理论有（　　）。

A. USP 理论　　　　　　　　　B. 品牌形象理论

C. 品牌定位理论　　　　　　　D. 品牌质量理论

3. 基于顾客价值创造的品牌创建理论是（　　）提出来的。

A. 大卫·奥格卫　　　　　　　B. 罗瑟·瑞夫斯

C. 特劳特　　　　　　　　　　D. 凯文·莱恩·凯勒

4. 品牌形象内容主要由（　　）方面构成。

A. 有形的内容　　　　　　　　B. 无形的内容

C. 垂直的内容　　　　　　　　D. 水平的内容

5. 常用以度量品牌形象力的指标有（　　）。

A. 品牌注意度　　　　　　　　B. 品牌传播度

C. 品牌忠诚度　　　　　　　　D. 品牌知名度

6. 品牌从视觉上对人的冲击程度，以及心理上给人以美的享受程度，这是对( )的定义。

A. 品牌忠诚度 　　　　　　　B. 品牌传播度

C. 品牌美丽度 　　　　　　　D. 品牌知名度

7. 品牌形象包括 ( )。

A. 品质形象 　　　　　　　　B. 价格形象

C. 顾客形象 　　　　　　　　D. 企业形象

8. 康师傅从最初的方便面开始，逐渐地将品牌扩展到茶饮料、纯净水、果汁饮品等，这是采用 ( ) 战略。

A. 多品牌 　　　　　　　　　B. 品牌扩展

C. 产品线扩展 　　　　　　　D. 质量

9. 赞助传播的优势有 ( )。

A. 新闻性强，品牌曝光率高 　　B. 公众的认可度高，传播效率自然

C. 针对性强，受众参与度高 　　D. 投资回报率相对高

10. 公关传播的劣势有 ( )。

A. 传播成本相对较低 　　　　　B. 提升品牌新的可信度

C. 传播的效果难以量化 　　　　D. 信息需经过媒体的过滤

二、讨论题

你认为品牌和商标是一回事吗？说说你的理由。

参考文献

［1］白龙．亚马逊跨境电商运营实操［M］．北京：北京大学出版社．2022：9-10.

［2］胡国敏，王红梅，等．跨境电商网络营销实务［M］．北京：中国海关出版社．2018：105-115.

［3］廖润东，肖旭，张枝军．跨境电商B2C数据运营［M］．北京：电子工业出版社．2021：276-280.

［4］刘钧炎．跨境电商实务［M］．北京：中国轻工业出版社．2020：63-76.

［5］孟迪云．跨境电商产品开发［M］．北京：电子工业出版社．2020：39-42.

［6］宁方儒．跨境电商亚马逊是如何运营的［M］．北京：人民邮电出版社．2022：72-77.

［7］全国电子商务职业教育教学指导委员会．跨境电子商务人才培养指南［M］．北京：高等教育出版社．2018：46-48.

［8］鲜军，王昂．跨境电子商务［M］．北京：人民邮电出版社．2021：42-50.

［9］叶鹏飞．亚马逊跨境电商数据化运营指南［M］．北京：中国铁道出版社．2020：16-35.

［10］钟雪梅，冯子川．跨境电商实务［M］．北京：清华大学出版社．2017：226-245.